吉澤義一

北方領土探検史の新研究

―その水戸藩との関はり―

◆水戸史学選書◆

水戸史学会発行
錦正社発売

まへがき

阿武隈山系がやうやく関東平野に沒し去らうとするその境目、久慈川の清流に近く、山懐に抱かれてひそやかに息づく小さな村落、久慈郡水府村中染地区、それが、吉澤義一氏の故郷である。氏は、その清澄な山氣を旦夕に沐浴して成育し、長じて水戸に出、茨城大学に学び、日本文化研究会に機縁を得て師友を得、大楠公の旧蹟である千早城址に立つて雄大な志を立てるに至つた。

卒業後、義務教育諸学校の教員として活躍の基盤を得た氏は、日々の職務に精励しながらもその志を忘れず、自らの研鑽を怠らなかつた。かかる姿勢は同僚先輩の注目するところとなり、穎脱して内地留学を命ぜられ、さらに茨城県立歴史館の主任研究員に抜擢された。

処を得た氏は、勇躍、ライフワークとして予て心掛けて来た北方領土探検史の研究を進めた。当初、郷土水府村の出身である木村謙次への個人的関心から始まつた研究活動は、次第に膨らみを増し、範囲を拡大して、従来の学界の欠陥を洞察して新たな地平へとその視野を広げさせることになつた。即ち、個々の探検家の研究を綜合比較してその相互関連を明らかにすると共に、それらを政治的に運用結合させた幕末と云ふ時代の政治力学を闡明しようとするに至つたのであつた。

惜しむべし。居ること数年、研究は急激に進展するかと思はれたが、機構改革に伴ふ異動あり、更に、県は氏に課すに再び小学校教諭の激務を以つてした。しかも不幸にして病魔はいつしか氏を蝕み、遂に満四十八歳を一期として不帰の客となつたのである。

教員としての氏の業績は、全国ＰＴＡ連合会の表彰を受けたこと、葬送の霊柩車を、最後の勤務校となつた新荘小学校の全校生徒が、吹奏楽の調べと共に涙で送つたことを記せば足りるであらう。

研究者としての業績は、梶山氏による本書の解題がその要を尽くしてゐる。

氏は、いはゆる才気煥発の秀才ではない。その語り口は茨城弁丸出しで訥々としてをり、その風貌も一見村夫子然として、その内に秘めた炎を伺はせない。その研究も、兀々孜々とも云ふべく、決して派手ではない。その氏が、公務に研究に誠実であつて、よくその情熱を傾け得たのは、実にその志の正しく確乎たるによるものと云はなければならない。人にして尊ぶものは、地位にあらず、名誉にあらず、ただ一片煌々たる志である。

思へば、その在りし日々が見事であつただけに、今暫くの時間を氏に与へて、せめてもその研究に一応の区切を付けさせてやりたかつた。我々は、それを果さずに逝つた無念を想ひ、ここに遺稿の一部をまとめ、「水戸史学選書」の一として出版することとした。

この書が広く巷間に流布し、氏の志を継いで更に研究を大成する後輩の現れんことを祈念して本書を世に贈る。

なほ、末尾ながら全篇の校正に当られた照沼好文氏・梶山孝夫氏、短期間で出版を敢行された錦正社社長中藤政文氏はじめ社員の皆様に深甚なる謝意を捧げる。

水戸史学会会長　名越時正

目次

第一編　水戸藩と北方問題

第一章　木村謙次――そのプロフィール――

木村謙次は宝暦二年（一七五二）久慈郡《くじぐん》天下野《けがの》村字万城内《ばんじやうじ》（水府村）に、八左衛門昌尚の第四子として生れた。小さい時から学問が好きで、東金砂《ひがしかなさ》山《さん》東清寺《とうせいじ》の僧大雲上人に読み書きを習ひ、やがて十六歳の時に、水戸の儒学者立原翠軒《たちはらすゐけん》の門に入り儒学を、谷田部《やたべ》東壑《とうがく》に医学を学んだ。十九歳の時には京まで上り、名医吉益東洞《よしますとうどう》について二年近く学んだ。水戸に帰つてからはふたたび翠軒のもとで儒学を学ぶとともに、水戸藩医原南陽《はらなんやう》の門に入り、さらに医学を究めた。

かうして謙次の学問はますます進み、寛政元年（一七八九）には、農村や農民を救済しようとして『足民論《そくみんろん》』を著はし、水戸藩第六代藩主徳川治保《はるもり》に提出した。この書では、とくに藩主・役人には学問の重要性を説き、農民には積善を奨励して、疲弊した農村を救はうと訴へた。また、謙次は「凍《し》み蒟《こん》」製造に改良を加へたり、植樹造林を勧《すす》めて木材・木炭の生産を奨励したり、和唐紙の製法を村人に伝授したりして、産業の振興にも努めた。

ところが寛政三年（一七九一）謙次四十歳の時に、太田（常陸太田市）の親友高野《たかの》昌碩《しやうせき》の書を読んで、それまで単なる噂・デマだと思つている外寇《がいこう》（ロシアの侵略）のことに危機感を深め、北辺に生命をかける一大決心をするに至つた。それ以後の謙次は、民政よりもむしろ蝦夷地《えぞち》（北海道・千

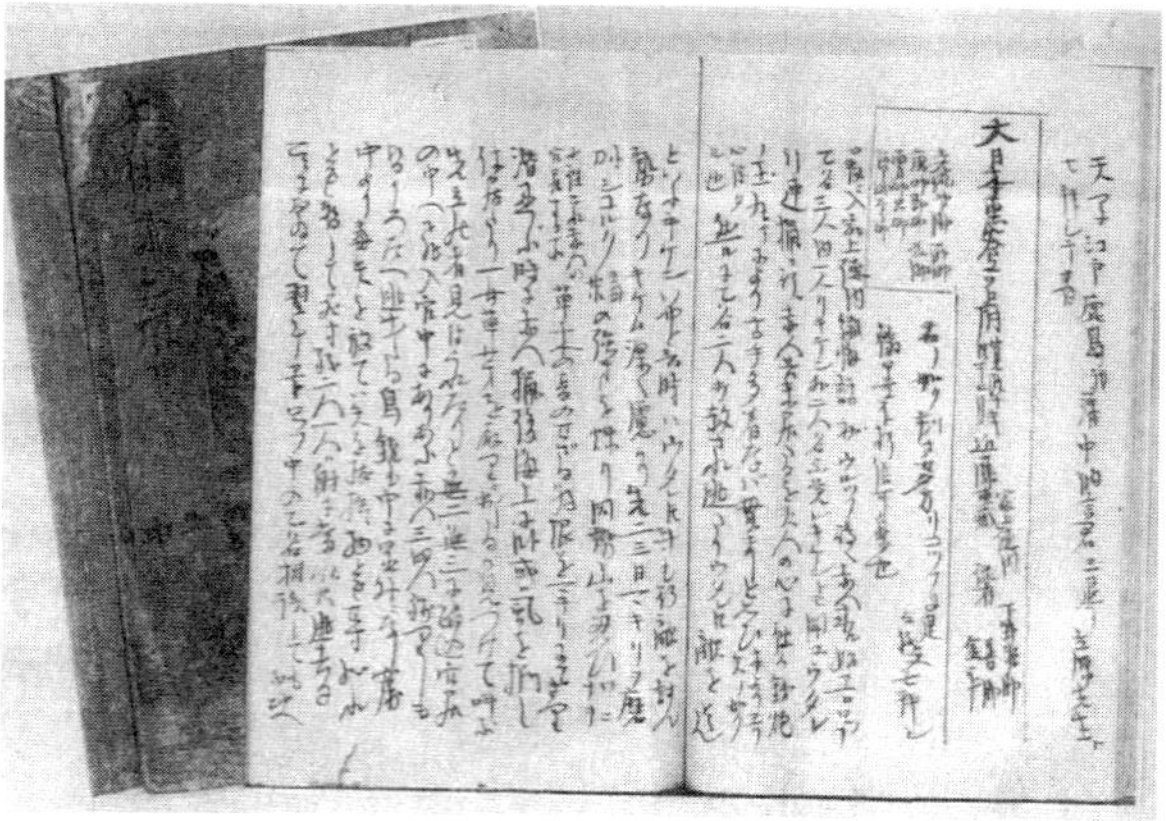

「蝦夷日記」

島）探検、海防に全力を傾倒するやうになつた。

寛政四年（一七九二）ロシアの第一次使節アダム・ラクスマンが、伊勢（三重県）の漂流民光太夫（幸太夫）らをともなひ根室（北海道根室市）に来航、日本に対して通商を求めてきた。当時の日本は鎖国の時代であつたので、江戸幕府にとつては大変な事態であつた。

謙次は水戸藩より蝦夷地探偵を命ぜられ、寛政五年正月、勝倉（ひたちなか市）の武石民蔵《たけいしたみざう》とともに蝦夷地に赴《おもむ》いた。この探偵の第一の目的は「ロシアの兵勢を探ること」であつたが、その報告書『北行日録』はロシアが諸国を併呑《へいどん》するやり方や、蝦夷地の防備の具体策を論ずるなど、とてもみごとな報告書であつた。

寛政十年（一七九八）幕府は、番所建設のための土地選定などの目的をもつて、大規模な蝦夷地探検隊を派遣した。その内の一隊が、東蝦夷地末ずゑの島までの見分を命ぜられた近藤重蔵、最上徳内、村上島之允、そして

アツシ（アイヌ民族の服　水府村　木村甲子郎蔵）

木村謙次（下野源助《しもつけげんすけ》と変名）らの一行だつた。一行は四月十五日江戸を出発。七月十三日にはエトロフ島への渡航口クナシリ島アトイヤに到着。二十四日には一《ひと》月《つき》ほど遅れて江戸を出発した探検のベテラン最上徳内が合流し、一行は勇気づけられた。

　クナシリ島からエトロフ島に渡る海峡は、潮流の強いことで有名な難所であつて、一丈半（約四・五メートル）もある大波をかいくぐつて、三艘の小舟（蝦夷舟）で渡つて行く様は、わざわざ命を落としに行くにひとしいやうな状況だつた。豪胆をもつて知られた重蔵、謙次でさへ、さすがに怖気《おぢけ》づき、一行の者は皆顔面蒼白の状態であつたといふ。しかし大いなる目的のため、重蔵は何度も溺死を覚悟しながら、謙次も生きた心地のしない心境で、約四時間ひたすら小舟を漕ぎ続け、やつとエトロフ島の南端ベルタルベに到着した。

　そして一行は、ベルタルベの近くタンネモイの丘リ

（水府村　生家近くの墓所）

コッフに、「大日本恵登呂府」の標柱を打ち建てたのである。今から約二百年前の、寛政十年七月二十八日のことであつた。

　ところでこの「大日本恵登呂府」の標柱を建てた責任者は、近藤重蔵と最上徳内であるが、その文字を書いたのは下野源助（木村謙次）である。謙次は書くに当たつてとても丁重であつた。謙次の『蝦夷日記』には、「手を洗ひ、口をすすぎ、日本へ向かつて、伊勢神宮、皇居、江戸城、鹿島神宮、水戸藩主徳川治保、さらに立原翠軒らに七拝して書いた」と記されてゐる。建て終はつてまた七拝した。翌日謙次は標柱を望みながら、万感の思ひを込めて宿志を達成した喜びに浸《ひた》るのだつた。

　翌年二月末には江戸に帰り、三月初め探検の結果を水戸藩主治保に報告すると、その功績を賞され、武士の身分をあたへられた。三月末には天下野に帰つたが、それ以後は文化八年（一八一一）七月六日六十歳で亡くなるまで、思ふやうにならない蝦夷地の防備に心を痛めながら悶々とした日々を送り、『海防下策』などの海防論を著したが、ふたたび蝦夷地探検に出ることはなかつた。

　思へば木村謙次は、「大日本恵登呂府」の標柱建立と、寛政十年の唯一の探検記録『蝦夷日記』の著述をもつて、日本北方探検史上に大きな足跡を残したと言へよう。

　謙次は蝦夷地には二度しか行つてゐないが、アイヌの人たちからの信頼は絶大であつた。また藤田東湖《とうこ》が「表面は粗野をよそほつてゐるが、内に忠義心を秘め、大志をいだいてゐる」と謙次を評してゐるが、謙次の一生をかへりみる時、まさに東湖の評そのものであつたと言へよう。

第二章　木村謙次の蝦夷地探検

――特に寛政五年の探検を中心に――

はじめに

寛政十年の択捉島探検を以て知られる木村謙次は、杉田雨人氏の著『木村謙次』によつて、広く世に紹介され、その功績も明らかになつた。しかしながら、今日まで、杉田氏の引用された史料は勿論、謙次の著した幾多の書物は殆ど散佚して所在も定かでなく、長年その史料出現が望まれてゐた。

筆者は、折しも北海道に旅した際、北海道大学附属図書館を訪れ、謙次の夥しい自筆本や写本を見る機会に恵まれた。本稿は、これらの史料をもとに、改めて木村謙次の蝦夷地探検（特に寛政五年時）の目的と意義をさぐらうとするものである。

一　謙次の生ひ立ち

先づ、立原翠軒撰する所の墓碑銘をもとに、簡単に謙次の生い立ちを述べよう。

木村謙次、諱は謙、字は子虚、天下野愚鈍、酔古主人等と号した。謙次は、その通称である。

宝暦二年（一七五二）(1)久慈郡天下野村（現水府村天下野）に、八左衛門昌尚、阿艶の第四子として生まれた(2)。

謙次は幼くして、東金砂山東清寺の僧、大雲上人について書を読み、神童の誉れ高かつた。まもなくその才を認められ、上人の紹介で、水戸の立原翠軒の家に寓することになつたのであるが、何歳の頃であるかは確証を得ない。翠軒に儒学を学ぶ一方、谷田部東壑に医方を問ひ、十九歳の時、東壑の師である京都の吉益東洞の教へをこひ、一年間学んで帰水。時を経ずして、藩医原南陽の門に入つた。

その後の行状は、今のところ明らかにし得ないが、それにしても、医学と儒学に熱中したであらうことは、少年時の熱意と志と、以後の謙次の足跡をたどることによつて、愈々裏打ちされてくるのであるが、これは、後日論を改めて詳述したい。

二　天明五年の東北旅行

明和から安永、天明年間にかけては、ロシア人が千島列島を南下し、北辺はただならぬ状勢にあつた。毎年の如く渡来しては、交易を求め、越年し、果ては島人と闘争を繰り返してゐたのであつた。

かうした中で、本多利明、工藤平助の意見を重く見た幕府は、天明五年（一七八五）、勘定奉行松本伊豆守秀持に命じ、幕吏普請役山口鉄五郎、佐藤玄六郎、青島俊蔵などの蝦夷地検分隊を組織し、北地を探検させた。

同年、謙次は慨然と東北旅行に思ひを馳せた。彼の日記『奥羽行李記』[3]の冒頭には、

物之相感、死生存亡、焉《これ》より甚しきは莫《な》し、自ら罔極之戚《うれへ》有り、未だ幾歳ならずして、故旧世を捐《す》つる者多し矣、越民氏三花翁之輩自り、或は石井玄朔、海老根生、京遊の湯澤氏也、父老之歯有る者、兄弟之歯有る者、皆才学秀逸、技術神妙、及ぶ可からざるの徒也、故に大いに感ずる有り、而るに殆ど佞仏して香火を供ふるに至れり矣、嘗て開く出羽州湯殿、月山、羽黒の三山は、釈氏空海の刱攀する所にして、冥福を祈る最も第一之霊区也、親戚之推奨に拠りて客衣を振り、笈を負ひ、遠く三山に遊ぶ、便ち道に将に陸奥之勝を探らんとす、則ち友生の贐けする所之冊子を開き、行路之険易、山海之奇観を記すのみ（句読点筆者・以下同）

と、この行を思ひ立つた経緯を述べてゐる。紋左衛門といふ一浮浪者を連れての出羽三山参詣であつた。一説には、北方探検と関連付けて考へる向きもあるが、[4]疑問が残る。確かに謙次は、帰途、塩釜神社の神官藤塚式部を訪ねたが、[5]一切蝦夷地問題には触れてゐないし、訪問の際は、『壺の碑考』出版の件と、書斎を見せられて、板倉源次郎著の『北海随筆』があるのが目にとまつたことのみを記すにすぎないからである。さらに、この行は、前述の如く、出羽三山の参詣が主なる目的であり、仙台においては、日記中に再三壺の碑打碑のことについて触れ、それにのみ「食指を動かされ」たと記してゐるからである。

ただ、仙台藩が早くより蝦夷地問題に関心をもち、工藤平助や林子平、藤塚式部など、北辺の急な

ることを予見してゐた人々がゐたことなどから、謙次が帰途仙台藩に立ち寄つたのは、単に、名勝地を見たり、打碑のためばかりとは言ひ切れない面もある。が、ともかく『奥羽行李記』を見る限りでは、北辺の事を談じたり、情報を得たりといふやうなことは、一切記されてゐないのである。

なほ、塩釜において謙次は、

俳諧者流は、宗匠たる者より、習出の者迄、皆名を好むの徒なる事決せり、大和言葉の一体なるを、好名貪利の無頼ものに弄する事、壮者をして泣しむべし、奇勝佳景を穢さるる事、済勝の人をして怒らしむ、

として、痛烈に俳諧人批判を行つてゐる。注目してよい意見であらう。私利私欲、好名を極端に嫌つたのである。

天明七年、謙次の師立原翠軒は、彰考館総裁となり、いよいよその発言権をましていつた。同じ年、林子平の『海国兵談』が上梓されて、海辺の防備を訴へた。

三　『足民論』と彦九郎の来訪

天明八年、松平定信が執政となると、謙次はこれを悦び、左の漢詩を詠んでゐる。(6)

天明戊申之際、定信白河侯、為執政、専貴於文化政教、
行乎青雲之間、賢人能服王事、猶得出而以仕其朝也

悠々青雲、杲々出日、無思君子、
文而且質、稃々青雲、出日無失、
無思君子、逢時之吉、焉得青衿
言往王室、君子在思、使秡《ママ》心栗

田沼の悪政に対する憤懣が、一度に雲散霧消したといふ思ひのする詩である。

名相の出現を悦びはしたものの、この頃の謙次は、知つてか知らないでか、蝦夷地のことよりも民政に力を尽してゐた。太田の高野陸沈、立川淳美らとともに孝子節婦の表彰に努め、寛政元年（一七八九）には『足民論』[7]といふ民政論を著し、文公に呈出して藩政の改革を訴へた。この書は、八論八説からなり、八つの弊害を述べ、逐一その対策を述べる形式で書かれてある。その序に、

民を導く政、国を治る法度の学問の道を用ざるは、目前の智行利慾を先として早時の用に立んとするなり、学問の道の民を導く政、国を治る法度に於ける弊敗なしと言ふべからず、妄りに事せまき儒者に任せば、議論繁多にして実のしるし少く、一同身を修め家を斉ふの説を口には云へども、井田の代に為さんなどと云には過ぎまじ、今論ずる所は左様なる事せまき儒者の見る所にはあらず、歳月めでたき御代なれども、仕くせの出来たるを改めもせばやと存付て、恐らくは枉を矯めて正に返るの誚あらん（後略）

謙次は学問を積んだ。しかも、それが単なる学問にとどまらず、事業の上に活かされたのである。

口先だけの儒者ではなく、学問に立脚した行動があり、事業があつたのである。

ところで、謙次は、寛政二年、上野国新田郡細谷村の草莽の臣高山彦九郎の来訪を受けた。彦九郎は、水戸で藤田幽谷と大義を談じ、その足で岩手村（現金砂郷村岩手）の孝子音吉の家を訪ね、『孝子音吉伝』の草稿が謙次の家にあることを知り、高野陸沈の添状をもつて天下野に向かつたのである。二人の奇人が邂逅してどんなことが話されたのか、想像の域を出ないが、孝子音吉については当然及んだであらう。しかし、記録はない。(8)伝はるところは、刀問答と訪問の際の逸話ぐらゐのものである。二人は意気投合し、謙次は〃有志を得たり〃の感を深くしたのであらうか、『高山子吟』(10)を詠じてゐる。(9)

ただ、彦九郎が蝦夷の情報を得るために、彼地へ渡ることを一つの目的としてゐたことを合はせ考へると、二人の会談の中に蝦夷問題が取沙汰されなかつたのは、些か解せない。いくらかは話題にのぼつたのか、或いは、早急の課題ではなくて話題にもならなかつたのか。お互ひに、蝦夷に関する情報不足の感は免れず、相方の記録にはないが、多少の話し合いがなされたと見るのが妥当であらうか。ただし、少なくとも謙次にとつては、当面の関心事ではなかつたと思はれる。この点について、以下詳論してみよう。

四　寛政五年の蝦夷地探検

年号が寛政に改まつても、しばらくはロシア人は渡来しなかつたが、寛政四年（一七九二）、突如、アダム＝ラックスマンが、漂流民光太夫他二名を伴ひ根室に来航し通商を請ふと、松前藩初め、幕府も動揺した。鎖国の時代にあつて、幾多の警世家たちが予見してゐたことが、現実の問題となつたのである。問題が起つてから対策を考へ、準備をしてゐたのではもはや遅い。しかし、ラックスマンの来航は、それまで太平の夢を貪つてゐた日本人に大きな刺激を与へたことは確かだ。

『水戸紀年』寛政四年壬子の条に、[11]

今西亜魯（衍カ）西亜船来テ　本邦ヲ窺フ、幕府海国ノ諸侯ニ　命シテ予メ防禦ノ備ヲナサセシム、吾藩持弓筒頭四騎組八十四人弓銃各四十二挺先手物頭四騎組八十人弓十六張銃六十四挺船手一人組十五人銃十五挺目付三騎使番二騎外記流大砲六挺関流大砲三挺火矢方医師筆談役等ニ命シテ備ヘシム、奉行中村与一左衛門三木源八コレヲ司ル、士人一人金十両或ハ七両或ハ三両ヲ賜、組同心ハ金二分ノミ、藩中頗ル擾乱ス、時ニ一首ノ狂歌アリ

　オロシアノ船ノイクサハ直カ出来テ

　　組ノイノチハ二分ニキレツ、

とあり、水戸藩もさすがに動揺の色をかくせなかつた。しかし、かうした中で水戸藩は、義公が快風

丸で蝦夷地探検(12)を行つて以来絶へてなかつた蝦夷地対策に、藩独自に動き出すのである。それを双肩に担つた人物、それこそ天下野の木村謙次であつたのである。

ラックスマンの来航に先だつこと一年、寛政三年十月、謙次は、師翠軒に熱烈たる歎願書を呈してゐる(13)。

野人の府下に往来するもの、海寇辺を窺ひ船舶の隠見を伝説す、僕謂へらく、上に聖天子あり、列国の王侯、文教に嚮化し、奎壁射光、海内郁々たり。蓋し民の訛言にして憤懣怨世の口より出づるや必せり矣と。終に未だ以て意に介せざりき。頃者高野生書を致す。緘を劈き之を読めば則ち外寇の事詳悉にして縷細なり。僕是に於て奮起長嘆して曰く、奇か怪か、未だ遠戎外狄我に於て何等の讎怨有るかを知らず、悪むべきも又甚し矣、天神地祇豈に我が聖天子賢相公を護らざらんや。暴悪醜穢の戎狄の如き、則ち本邦八百万神の呵嘖する所なり（中略）僕軀幹微なりと雖も寸心豈定遠侯に減ずべけんや（中略）今外寇の事を聞く、是れ僕、力を竭して命を致すの秋なり。僕をして奔走の力を竭し、涓滴の忠を致し、之を以て上、君相一朝の用に供し、下、家兄縲絏の罪を解かしめば、是僕の赤心至情なり、惟々先生銘察したまへ（後略）

謙次は、これまでも海寇のことは聞いてはゐたものの、「民の訛言」としてあづからなかつた。しかし、この度の高野陸沈の書を見るに、外寇の事を極めて詳細に知ることができ、謙次は敢然と奮起して、北辺に生命をかける一大決心をしたのである。ことに「天神地祇豈に我が聖天子賢相公を護らざる」の慨嘆は、尊王と、攘夷の精神をうかがふに余りある。謙次の蝦夷問題への開眼は、実にこの時ではなかつたらうか。

しかし、謙次の熱烈たる報国の情に対してなぜか師翠軒の命は出なかつた。謙次が、自分の目で耳で北辺の状況を確かめるまでなほ一年余待たねばならなかつた。その間の心中は如何ばかりであつたか。寛政四年のラックスマンの来航は、謙次の憤懣にさらに拍車をかけたに相違ない。文化六年作の『記憶随聞見録』[14]中に、

寛政四年壬子冬、魯斉亜人漂民を護送し蝦夷根室に来たる有り、四方擾騒、海上警戒、聊か其事を述べて独り慷慨す矣

とあるのは、この時の状況を述べたものである。

ラックスマン来航の件について、松前藩は、元若年寄鳥居丹波守に、その始末の仕方を諮問した[15]。

異国人通詞申候は、ヲロシヤより申付越候は、江戸之右三人之者、直に可相渡旨被申付候、殊に書状並献上物等持参仕候由、然る上は当年中には是非、江戸表江罷登候様申候得共、先差留申候所、然は明年四五月頃迄に相待、江戸表より御沙汰も無之候はゝ、其節是非江戸之直訴可仕之返答に御座候、尤私方に異国人より書状を以御申越に付、早速御届申上候、

依之私家来共彼地江差遺（遣カ）候、御差図有之候迄は差留候様に申付置候得共、異国人之儀に御座候へは、如何程の趣意に可有之候哉、心底難計奉存候得共、可成丈穏便に取計候様に申付置候、依之

前書之通、始未《ママ》如何可仕候哉、奉伺候以上。

十一月六日

松前　勇次郎

これによつて、ロシアの態度・要求・松前藩の対応ぶりが明らかであるが、鳥居丹波守の返答は左の如くであつた。(16)

ヲロシヤ人漂流之者召連罷越候付、追々江戸表より御沙汰有之候間、夫迄決而出帆不致候様取計可申候、尤右取計等手荒に不致、失礼等無之手当等丁寧にいたし、酒食之類迄も心付可差遺《ママ》候、並右之者、アツケシにて上陸致候共、蝦夷人其外松前等之者、其役之外、応対等致させ申間敷候。

なるだけ公にせず穏便に取計ひ、江戸表の沙汰を待てとの方針であつた。

果して幕府は、事の穏便を願ひ、翌五年、石川左近将監忠房、村上大学義礼を松前に遣はし、ラックスマンを引見したが、通商はこれを許さなかつた。

一方、水戸藩では、寛政四年、文公（第六代藩主徳川治保）が翠軒に直筆の書を送り蝦夷地問題につき諮問した。(17)

松前へ御目付被遣候沙汰有之に付何事に候哉、又々蝦夷に六ヶ敷事にても出来いたし候哉と御城附の方を為承候処別帋の趣承り及び候よしにて申出候、蝦夷にむつかしは無之候得共却て此方の漂流人を念頃にいたし交易の手段をいたし候、ヲロシヤの者の工夫何とも不容易事の様に存候一体松前の方は西国筋と違ひ御警衛も御手薄の様にも有之候、右に付ては此以後万一松前蝦夷の儀に付て尾張殿抔咄し合ひ候儀も有之節之為松前蝦夷処置如何にて天下の御為万世の為に可相成哉、先達て本多七郎左衛門が策は余り広大の儀にて宜敷儀も中には可有之候へ共、即今の事に用立かね候儀と存候、只々不虞に備へかつは赤人山丹等外夷の此方を不窺、蝦夷の者本邦へよくなつきて居候様にいたし候はゝ可然様に被存候、返す〳〵もヲロシヤのやはらかに交易を願候はいやな物と存候、処置の心付も候はゝ内々承り置度候事

文公は、「天下の御為万世の為」に蝦夷地をかなり重大視した。ただ、ロシアの柔かい態度に疑問を感じつつもやや楽観的であったとも見られる。いづれにせよ、これに対する翠軒の回答はどんなものであったか、文面により翠軒が文公に建議したであらうことは容易に察せられるが、残念ながらその内容はわからない。

かくして、文公は、蝦夷地の実情を探らせることとなり、翠軒に命じて適当な人物を選択させた。翠軒は、数百の門人中から謙次と那珂郡勝倉村（現勝田市勝倉）の人武石民蔵の二人を選び、その任に当たらせたのである。かうして、やうやく謙次が勇躍蝦夷地に麒足をのべる時が来たのである[18]。

正月十八日[19]、水戸此君堂（翠軒の居所）を発し、神岡で武石民蔵と一緒になり、二人は蝦夷へ向かつた。途中仙台に寄り、芭蕉が辻の池田屋に『海国兵談』を求めたが得られず、病中の林子平を訪ねた。正月二十九日晩方《くれかた》のことである。

親もなく　妻なく子なく　版木なく
　金もなければ　死にたくもなし

といふ状態の子平を訪ね、彼の「勇敢の気象」に感銘した。子平を訪ねること二度、外夷に関する情報を得た。謙次はまた塩釜に藤塚式部を訪ね、光太夫のこと、ロシアのこと等多くの情報を得、日記中には数十件にわたって記されてある。仙台を後にして、二人は再び蝦夷地に向かつた。三厩で一週間ほど日和待して、三月二日、遂に松前安着[20]。

謙次は、松前に着くと、吉田担蔵の書（紹介状であらう）を持つて馬形《まかと》の松前老圃公を訪問し、赤人（ロシア人）の話を聴いた。情報量としてはあまり多くはなかつたが、謙次は赤人の暴虐のただならぬことを察知した。また、阿部や源五郎、厚谷新下、小林長八といつた人々からも話を聴き情報を得た。故あつて、わづか一週間程の滞留であつたが、その間、赤虜に関して或いは松前に関して貪欲に調査見聞し、また可能な限り情報収集に努めたのであつた。その成果とも言ふべき『入松前雑記』には、赤人・蝦夷の衣食住等にまでわたつて詳細に記されてゐる。ラックスマンとの交渉が秘密裡に進められ、「監察在嶋中旅人滞留六ヶ敷中々以逗留仕かた[21]」く、「魯斉亜の事人々口を塞キ外国人談言の禁申振[22]」の中にあつて、それなりの成果をあげ得たのは特筆してよい。しかし、謙次にとつては必ずしも充分な探索ではなかつたやうで、「年来の宿志相はたし申候[23]」と言ひながらも、『此君堂投示之書[24]』中で、

乍去存之外滞留も成兼、此上の遺憾に御坐候、此節は迚も、彼地騒劇万事不任心事と奉存候、再遊近年の中、心掛可致候、

と、再び蝦夷地探検を期してゐる。

また、日記中に、蝦夷見聞の総論とも思へる『松前拙論』なるものが載せられてゐるが、その中で、蝦夷地の「殊之外窮」してゐること、にもかかはらず「上下安逸華奢に暮し」てゐることに言及し、この悪風を一変させるためには「窮の極を尽されバ有まし」と痛論警告をしてゐる。さらに、「赤狄の恐を心中に懐く」余り威令を慎んでゐるとして幕府を批判した。それから、最上徳内の進めてゐる交易は、私利を図るに等しく「うれへとする根元」であると書いてゐるのは注目すべきである。この徳内と、寛政十年（一七九八）の北方探検の際は行動を共にするからである。

三月十日、二人は帰途に着いた(25)。陸奥、羽後、羽前の諸国をを巡りつつ、国情や風俗等について視察した。主なる目的を遂げた後だけに詳細さを欠くが、それでも丹念にその土地のことを記録に留めてゐる。楯岡村通過の際は、徳内についても書いてゐる。

三月二十九日、無事任務を遂行し、此君堂に戻つた。謙次に左の作がある(26)。

帰府作

征裘南北一身軽。跋渉雲山万里程。

已似班生投筆硯。猶期終子請長纓。

旅魂不問窮途苦。義気将全報国情。
回首還思壮遊事。朔風吹尽寸心清。

道中の艱難辛苦は、あへてこれを記さなかつたが、壮大な志の前に自づと消沈してゐつたのではなからうか。

なほ、この探検記録として、謙次、民蔵の共著として『北行日録』(27)があるが、これは謙次が著した『征北窺管』『入松前雑記』『帰北窺管』『北辺紀聞』とほぼ同内容であり、しかも上下二巻に体裁が整へられてゐること、そしてこの行が師命であると同時に藩命であることなどから推して、おそらく藩に提出した報告書であらう。共著ではあるが、謙次の日記とほぼ同内容であるから、謙次の手に成るものとしてよい。

末尾には、「往来路程四百十七里十八町、往来日数凡七十二日、往来費用十三両二百二十二文」と記されてゐる。

五　探検の意義

『勝田市史』(28)は、三厩での渡海手続き(29)の、

往来

津軽出羽守、用船、三馬屋五三郎船、乗合四人、此度公儀御目附様、松前致御渡海、御供船申付

差遣候、津々浦浦無相違御通可被成候、以上

寛政五癸丑年二月

津軽出羽守内三馬屋浦役人

斎　藤　吉　保

葛　巻　伝衛門

御役所御番中

を引いて、二人の身分は公儀御用目附であり、従つて、或いはこの探検は幕命であり、或いは二人は偽名を使つたのではないかとの推測を加へてゐるが、「松前致御渡海」の「致」は「就」[30]であつて、謙次らの乗つた三馬屋五三郎の船は「御供船」であつた。しかも、「御公儀目附」[31]は、

江戸表より御下向役人御名前阿部屋源六郎示す

御目附　石川将監様御上下三十二人野辺地まで三十四人

村上大学様御上下三十人同三十二人

とあつて、上記史料は、謙次とは全く関係なく幕府役人一行のことである。また、幕命であつたとすれば、謙次一行と幕府役人一行との行動が同一であり交信もあつてよい筈であるが、その形跡は全く認められない。

謙次と民蔵の蝦夷地探検は、あくまでも水戸藩独自のものであり、前述した如く、義公以来絶へて

なかつた蝦夷地探検が、藩命によつて実行された意義は大きい。藩内に再び勃興してきたのである。しかも、この探検の目的の第一義は、たとへ逼迫した藩財政立て直しの方策を見出すための探検といふ目的もあつたにせよ、[32]寛政三年の時の謙次の決心に明らかなやうに、言はば尊王に基づく攘夷のための偵察ではなかつたらうか。赤人に遇ふことができず涙をのんだが、仮に遇つたとしてどんな対応をしたか想像に難くない。

それにしても、謙次のこの本志は終生変はらなかつた。幕末水戸藩の尊王攘夷の大運動は、既にこの時端を発してゐたと思はれ、この探検に頗る重要な意義を見い出すのである。

思へば、この曽遊の経験があればこそ、寛政十年の探検で近藤重蔵の従者として抜擢され、択捉島に「大日本恵登呂府」の標柱を建てるといふ快挙が達成されたと思ふのである。寛政五年のこの行は、その意味で、寛政十年の探検の布石となつたと考へられる。

をはりに

最後にこの稿を成すにあたり、格別の御配慮を賜はつた北海道大学附属図書館北方資料室、御指導御高配をいただいた名越時正先生始め、久野勝弥、宮田正彦、杉崎仁、谷澤尚一の各氏、茨城県立図書館、彰考館文庫の各機関に対し、深甚なる感謝の意を表したい。

註

（1）享保十七年説と宝暦二年説とがある。前者は、佐藤次男氏（『郷土史事典』）佐久間好雄氏（『郷土人物事典』）。『贈位諸賢伝』からの引用と思はれる。後者は、吉田武三氏（『北方史入門』）、野上平氏（『水府村史』）である。墓碑銘に「文化八年得病……抛几瞑年六十歳、七月六日」とあるから、逆算して宝暦二年生が正しい。

（2）木村家略系図（筆者が種々の史料をもとに作成した。）

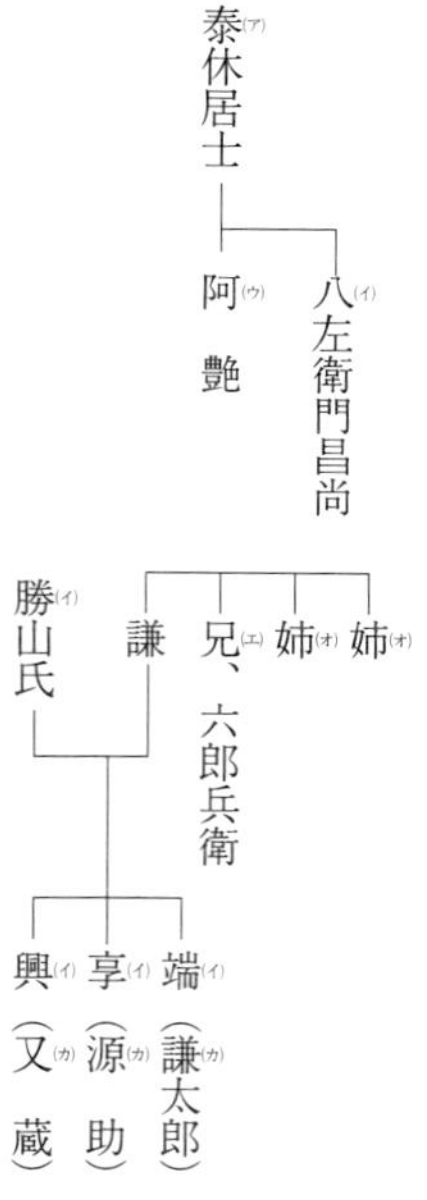

（出典）
(ア)『薫猶紀聞』北海道大学附属図書館北方資料室所蔵自筆本、彰考館文庫写本
(イ)墓碑銘
(ウ)高津戸家系図（謙次が安永八年筆写したもの）那珂郡大宮町高津戸長次氏蔵
(エ)『薫猶紀聞』、高山彦九郎『北行日記』
(オ)『奥羽行李記』
(カ)小宮山楓軒「楓軒紀談」

（3）北海道大学附属図書館北方資料室所蔵、写本（以下北大北方資料室とする。）
（4）杉田雨人氏は『木村謙次』の中で、
此の行は勿論三山視察を遂ぐる目的であつたらうが、大なる木村謙次の志途は、塩釜に藤塚氏を訪問して、専ら北海の事情を究明せんとしたのが其の重要なる行旅であつたのである。

としてゐる。
（5）『奥羽行李記』に「藤塚曰」として、
「予往日壺の碑考を著し、今板に刻、燕沢の碑も考たり、今国造の碑考ならは、則其土に近き人なれば、足下を労して、立原氏に序を請はん、豚児忠之進名知周年十七、東都東江氏之塾にあり、立原氏の名を伝ふ、不佞か所擬刻坪の碑なり」

とある。東江氏は沢田東江である。謙次の訪問は、翠軒の紹介であつたらう。
（6）『礚詩集上』北大北方資料室所蔵、写本。
（7）『近世地方経済史料第一巻』に拠つた。
『足民論』は、水戸彰考館文庫に『国字足民論』とともに、北大北方資料室にも手稿本『国字足民論』とともに蔵されてゐる。
（8）高山彦九郎『北行日記』にも謙次の著『薫蕕紀聞』にも会談の内容は記されてゐない。
（9）杉田雨人氏前掲書三一ページ。
（10）『高山彦九郎先生伝』二一五ページ。
（11）『茨城県史料　近世政治編Ｉ』
（12）義公の蝦夷地探検については、『水戸史学』第八号所載の佐藤次男氏の論文「徳川光圀と快風丸の蝦夷地探検について」に詳しい。
(13)『酔古先生詩文集』（彰考館文庫所蔵）の中の「立原伯時先生函丈下」
(14)北大北方資料室所蔵、写本。
(15)『北辺紀聞』北大北方資料室所蔵、写本。
(16)同右。
(17)『立原両先生伝』所収四一～四二ページ。
(18)加藤寛斎『常陸国北郡里程間数之記』に、

蝦夷地御内用を蒙るの時、師立原先生より急公用ありて召出之趣以飛脚を謙治（次カ）元ニ走らす謙治農業の為に田野ニあり立原氏の書翰於野先披見す謙治家ニ不帰旅の装を不着草鞋のまゝニして竹熊の屋敷にて支度を調へ蝦夷ニ趣く

と。謙次の人となりを端的に表してゐる逸話である。
(19)『征北窺管』（北大北方資料室所蔵、写本）に拠つた。水戸此君堂から三馬屋までの日記である。なほ、抄出の写本が茨城県立図書館に蔵されてゐる。
(20)『入松前雑記』北大北方資料室所蔵、写本。松前滞在中の日記である。
(21)『帰北窺管』中の「吉田担蔵宛書簡」。
(22)同右。
(23)同右。
(24)『北辺紀聞』。
(25)『帰北窺管』帰りの日記である。松前から水戸此君堂までの記録。

(26) 同右。
(27) 北大北方資料室所蔵本は写本で上下二巻。上部の両脇が欠けてゐる。国立公文書館所蔵本は写本で上下二巻。茨城県立図書館所蔵本は写本で下巻のみ。
(28) 「武石祐左衛門の蝦夷探検」所収。
(29) 『北行日録』北大所蔵本に拠つてゐる。
(30) 『征北窺管』北大所蔵本に拠る。
(31) 『入松前雑記』北大所蔵本に拠る。
(32) 『勝田市史』の前掲論文は、藩財政立て直しの方策を探ることをこの探検の主たる目的としてゐる。

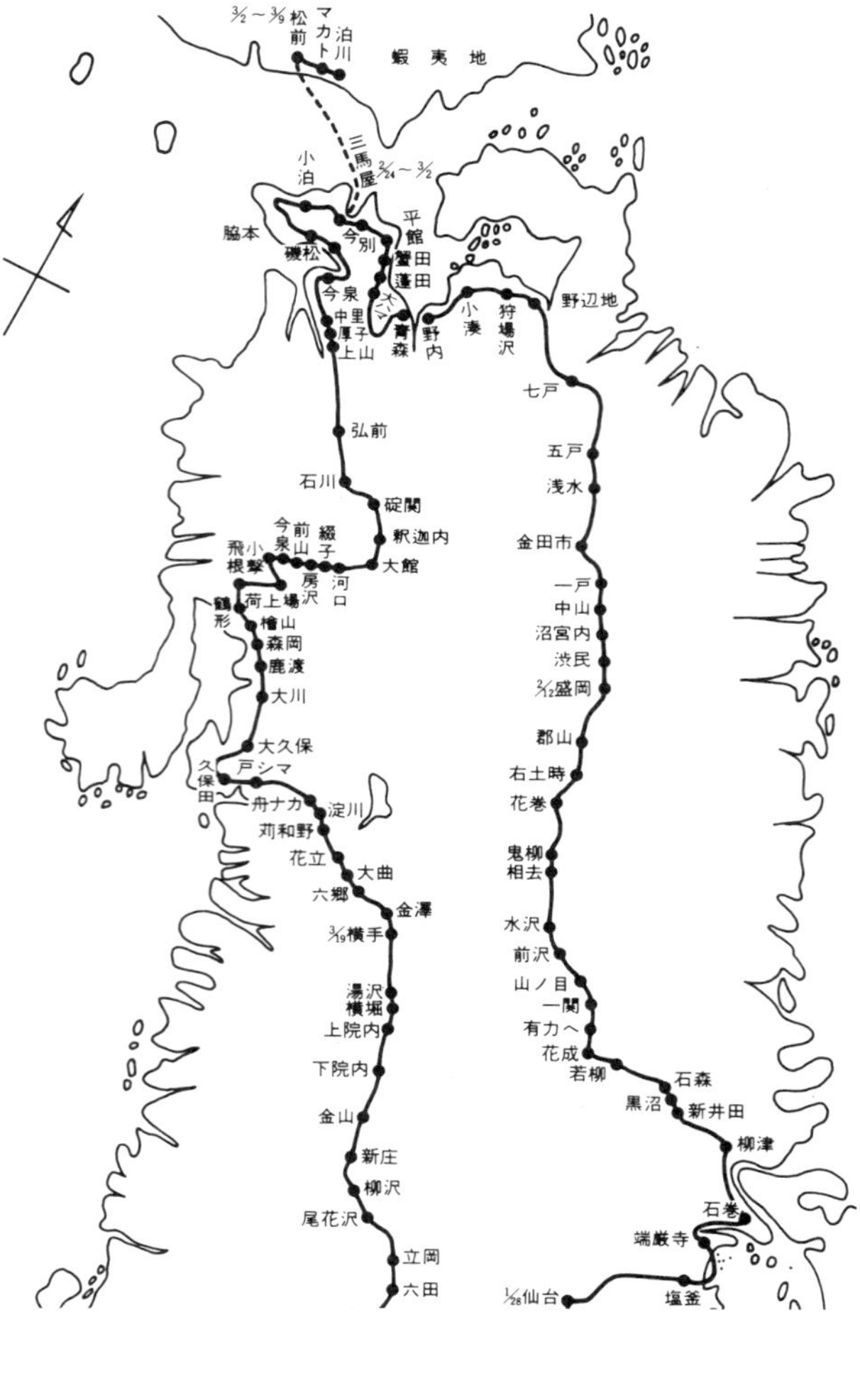
3/2～3/9 松前
マカト
泊川
蝦夷地
三馬屋 2/24～3/2
小泊
平館
脇本
今別
磯松
蟹田
蓬田
今泉
中里
厚子
上山
青森
野内
小湊
狩場沢
野辺地
七戸
弘前
五戸
石川
浅水
碇関
釈迦内
金田市
今泉
前山
綴子
飛根
小繋
大館
房沢
河口
一戸
荷上場
中山
鶴形
檜山
沼宮内
森岡
渋民
鹿渡
2/12 盛岡
大川
郡山
大久保
右土時
久保田
戸シマ
花巻
舟ナカ
淀川
苅和野
鬼柳
花立
相去
大曲
六郷
金澤
水沢
3/19 横手
前沢
山ノ目
湯沢
横堀
一関
上院内
有力へ
花成
下院内
若柳
石森
黒沼
新井田
金山
柳津
新庄
柳沢
石巻
尾花沢
端巌寺
立岡
六田
1/28 仙台
塩釜

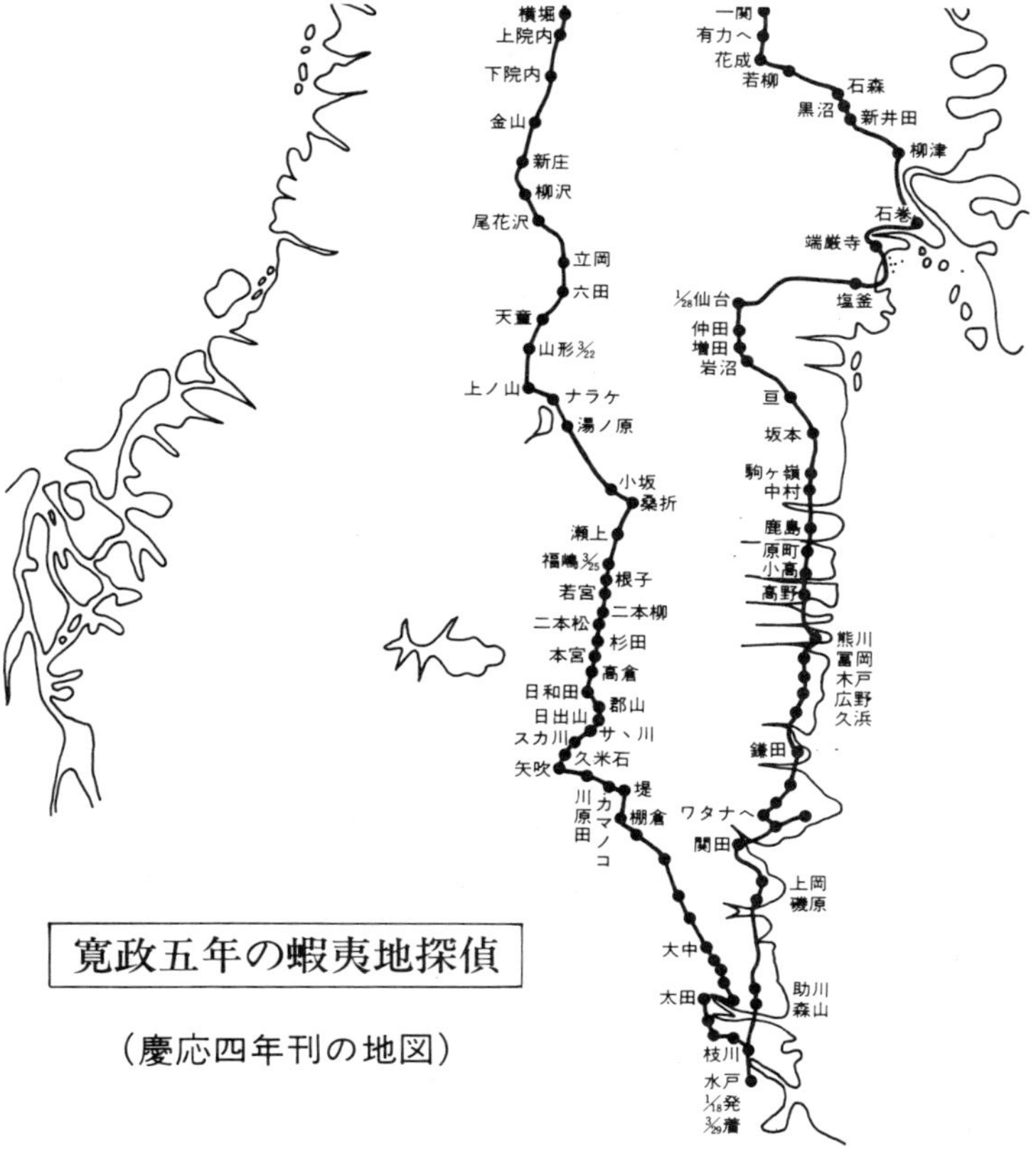

寛政五年の蝦夷地探偵

（慶応四年刊の地図）

第三章　幕末の日露交渉と『北島志』の編纂

――水戸藩に於ける北方領土研究の意義――

はじめに

大日本史の編纂事業を顧みて思ふ事は、誠に一人の義公（徳川光圀）の立志が、これ程後世に大きな影響を及ぼすものであるか、といふ事である。一体その遺志を継ぐといふ事は実子でさへなかなか困難な事であり、まして義公薨後、義公の遺志を継いで営々二百五十年もの間大日本史の編纂が続けられたといふ事は、世界史に例を見ないばかりでなく、誠に驚嘆すべき事業であつたと思ふ。またそれまでに数多の俊秀な学者を学派にとらはれず採用し、孜々として真実を追求して完成された大日本史の歴史的価値も極めて大きいと言へるであらう。

本章はかうした義公の修史によつて開かれた道の一斑を諸蕃伝の編纂と北島志の編纂を通して考察しようとするものである。

一　『大日本史』諸蕃伝と快風丸の蝦夷地探検

諸蕃伝と言ふのは、『大日本史』の巻二百三十一から巻二百四十三までに載せられてをり、当初は外国伝と呼ばれてゐたものが、明治二十七年に改定の議が決まり、諸蕃伝と改められたやうである。と言ふのは、諸蕃伝が最初にできる頃は、未だ蝦夷地の様子が詳細に解らず、文献上のみの考察であつて、だんだん時代が下り、蝦夷地の様子が明らかになつてくると、蝦夷地は紛れもなく日本領であつて、烈公（徳川斉昭）の時代に烈公の意志として、外国伝と書いては相成らず、となつたやうである。其の意を受けて、水戸徳川家当主の篤敬公が、時の宮内大臣土方久元に建議し、それが認められた。つまり、当初は外国伝で、明治になつて諸蕃伝になつたのである。[1]

撰者は、元の文を書いたのが青野源左衛門叔元で[2]、後に中島為貞通軒が補訂[3]をしてゐるから、この二人の学者の功績と言つてよい。

諸蕃伝の成立時期については、明確な年次はわからないが、「水府系纂」によれば、貞享三年（一六八六）に青野叔元が彰考館に入つてをり、享保十一年（一七二六）に中島為貞が亡くなつてゐるから、この四十年間に書かれたことは間違ひない。

次に諸蕃伝の構成を見るに、

新羅（巻二三二、巻二三三）　高句麗　高麗（巻二三四）　百済（巻二三五、巻二三六）　任那
耽羅（巻二三七）　渤海（巻二三八、巻二三九）　蝦夷（上）（巻二四〇）　蝦夷（下）粛慎
女真　琉球（巻二四一）　隋　唐（巻二四二）、宋　元　遼　金　明　吐火羅　崑崙（巻二

四三）[4]となつてゐる。これによつて、当時の世界認識も窺ひ知られるのであるが、この稿では、『北島志』編纂との関係上、特に蝦夷の問題に限定して考察してゆきたい。

　諸蕃伝の序論とも言ふべきものは「諸蕃一」の記述であるが、

　蝦夷は東北に僻居して、屡々邊陲に寇せしが、日本武尊の東伐より、化に懐き、命に帰す。然れども其の俗の麤獷動《やや》もすれば騒擾を致す。鎮狄・征夷の職を置きて、跳梁を禁じ、暴発に備へ、帰化して内に嚮ふものは、迺ち一方に處きて其の性を遂げしめ、喧擾することを獲せしめず。（中略）ああ神聖柔遠の制、膺懲の意、是に由りて睹《み》るべし。今其の載籍の徴すべきもの竝に列ねて傳を作る。[5]

とあり、殆ど信憑できる文献による考証をうたつてゐる。ちなみに、蝦夷に関する記述で引用されてゐる文献は、日本書紀、類聚国史、日本後紀、続日本後紀、文徳実録、三代実録等であり、「諸蕃九蝦夷上」には、

　蝦夷は東北の夷也、（割註・日本紀）三種あり。都加留と曰ひ、麤蝦夷と曰ひ、熟蝦夷と曰ふ。（割註・日本紀の註に引ける伊吉博徳の書）其人勇悍強暴にして、射を能くし、常に矢を髻中に蔵め、好みて却盗を為し、趫捷なること飛ぶが如し。君長なし。俗、皆文身椎髻して、冬は穴居を為し、夏は出でて樔に居り、五穀蠶桑無く、鳥獣を射て食と為し、其の羽皮を衣と為す。初め

越・陸奥等の邊地に雑居す。(6)

等と見え、専ら文献による考証以外にはなかつた。ただ、序論の「其の俗の麤獷動もすれば騒擾を致す。鎮狄・征夷の職を置きて、跳梁を禁じ、暴発に備へ云々」の記述などは、多分に当時の彰考館の学者達も蝦夷への警戒心を内包してゐたと見ることもできよう。

ところで、義公が蝦夷地へ快風丸を派遣したのは都合三回である。一回目は貞享二年であり、ちやうど諸蕃伝の撰者青野叔元が彰考館に入つた年であるが、この時は蝦夷地へ渡航できず途中で引き返してゐる。翌年の二回目は、松前までは行けたが、松前藩法により、それ以上の渡航は許されず、十分な調査はできなかつたやうである。三回目が元禄元年（一六八八）で、この時は、今の北海道石狩川流域に達し、そこで数多くの調査ができた。「快風丸蝦夷聞書」(7)や「快風丸渉海紀事」(8)等により調査内容の大概を知ることができる。ただこの調査報告が、諸蕃伝の記述に反映されてゐるとは言ひ難い。

抑々この探検の目的は四つの説が有力視されてゐる。名越時正氏は、第一の目的として蝦夷の反乱に対する関心説をあげてをられる。(9)寛文九年に、シヤクシヤイン等が徒党を組み、日本の商船十九艘を奪ひ、松前の士人等二百七十三人を殺害するといふ事件があつた。この反乱は、翌々日江戸に急報され、ちやうどその時幕府の主要な閣僚は義公を含めて日光の大猷院霊廟に参拝に行つてゐたのであるが、そこに急報があり、即刻松前泰広が蝦夷地に派遣された。派遣されたのが急報が来たその日

（二月二十日）であるから極めて敏速な対応と言ふべきである。松前泰広は早速蝦夷地に急行して、十月十四日には反乱を平定するわけである。[10] しかし、以後も依然として蝦夷地は不穏な状況が続いた。快風丸の第一回の蝦夷地探検が行はれたのはその十七年後である。もつとも、義公が初めて大船を造つたのは、シヤクシヤインの反乱が起こる三年前の寛文六年のことであるから、既にその頃から蝦夷（地）の状況を憂慮してゐたとも思はれる。名越氏は他に、地理・風土・産物等への関心説、義経の伝説調査説もあげてをられる。佐藤次男氏は、まづ、東海への探検的精神をあげ、次いで蝦夷反乱に対する必要性、殖産交易説を有力視されてをられる。[11]

筆者は、佐藤氏が成果として掲げてをられる源義経伝説の探索がもう一つの大きな理由、目的ではなかつたかと推察する。大日本史の「将軍家族一　源義経」が書かれたのが宝永三年（一七〇六）であり、快風丸の三回目の蝦夷地探検の十八年後であつたが、その記述を見ると確証は得られなかつたやうである。即ち割註に、

東鑑。源平盛衰記・八坂本平家物語を参取す。〇世に義経記といふもの有りて、事迹最も詳に、繁砕龐駮傅会の説多しと雖も、而も未だ必ずしも皆虚誕ならず。然れども他に證すべきなく、眞偽辨じ難し。故に一切取らず。世に傳ふ、義経衣川に死せずして、遁れて蝦夷に至ると。今東鑑を考ふるに、閏四月己未、藤原泰衡義経を襲ひて之を殺す。五月辛巳、報至り、將に首を鎌倉に致さんとせしが、時に源頼朝、鶴岡の浮圖を慶したり。故に使を遣はして之を止む。六月辛丑、

泰衡の使者首を齎して腰越に至り、漆函もて之を盛り、浸すに美酒を以てす。頼朝和田義盛・梶原景時をして之を検せしむと。己未より辛丑に至るまで相距ること四十三日。天時に暑熱なり。函して酒に浸したりと雖も、焉ぞ壊爛腐敗せざることを得ん。孰か能く其の眞偽を辨ぜんや。然らば則ち義経は偽り死して遁れ去りしか。今に至るまで夷人義経を崇奉し、祀りて之を神と為す。蓋し或は其の故あらん。[12]

（傍線筆者）

とあり、傍線部分の記述は明らかに探検の成果と思はれるし、義経最期の問題[13]は、史実に厳密な義公の立場として、当然調査の対象になつたに相違ない。[14]快風丸は元禄十六年（一七〇三）源義経伝の書かれる三年前取り壊されてゐる。

二　木村謙次と間宮林蔵の蝦夷地探検

その後、蝦夷地への関心は年々薄れていつたが、明和・安永年間よりロシア人の千島列島南下が頻繁になり、明和八年（一七七一）には、ハンガリー人ペニョフスキーが、ロシア人に蝦夷地占領の企図があることを幕府に警告するといふ事件があつた。これに対して、仙台の先覚者工藤平助は『赤蝦夷風説考』を、林子平は『海国兵談』を著し、北辺の憂と海防の必要を訴へた。時に老中は田沼意次であり、幕府は天明五年（一七八五）に蝦夷地探検隊を派遣した。翌年老中は、賄賂政治で失脚した田沼意次にかはり松平定信となつた。定信は林子平の「海国兵談」を世を惑はす危険な本として発禁処分にしてしまつた。

寛政四年（一七九二）、ロシアの第一次使節ラクスマンが根室に来航し、伊勢の一漂流民光太夫（幸太夫）送還を口実に、盛んに通商を求めた。その頃蝦夷地に関して最も心配をし憂慮してゐたのが水戸藩の木村謙次であつた[15]。謙次は医者であり儒者であつたが、ロシアの南侵を憂ふる余り、ラクスマン来航の前年、師の立原翠軒に熱烈な歎願書を提出するのである。しかし、その時は許されず、寛政五年になつてやつと願ひが叶ふのである。水戸藩は木村謙次と武石民蔵の二人を蝦夷地に遣はし、ロシア兵勢を探らせた[16]。松前にはわづか一週間ばかりの滞在であつたが、可能な限りの情報収集に努め『北行日録[17]』といふ報告書にまとめた。その中に、

窃ニ彼レカ諸国ヲ併呑スル術ヲ見ルニ、寛ナルトキハ榷場互市辺要ノ地ニ盤拠シテ其巣窟トシ、或ハコレヲ懐クルニ慈恵ヲ施シ、或ハコレニ畏シムルニ威武ヲ示シ、貧者ニ啗シムルニ厚利ヲ以シ、愚者ヲ誘フニ妖教ヲ以ス、凡天下ノ民廉智ハ少ク貧愚ハ多シ、其害勝テ言フベケンヤ、急ナルトキ兵興攻殺シ、其勢猛烈ニシテ当ルベカラス[18]

と見えるが、一体、当時これだけのロシアに対する認識を持つてゐた人は少なかつたのであり、ロシア（人）の体質、本質を見事に言ひ当ててゐると言へよう。さらに謙次はかうした探検をもとに『海防下策[19]』（享和三年）といふ海防論を書き上げてゐる。その冒頭には次の如くある。

今ハ昔、欧羅巴ノ赤人、船艦ヲ運シ、我北塞ニ来リ、甘言欺誑ヲ以テ、隙ヲ窺フトノ謳説ニ、上下紛擾ス、予モ亦以為ク、百王一姓、目出度キ国風ニシテ、唐山ノ如ク、韃靼ノ正朔ヲ奉センナトハ、賎民我カ如ノモノト雖モ、口惜キコト限ナシ、若近ク来リテ、廃怠ノ主兵驕逸ノ客兵ニ当ラハ、勝敗ハカリカタシ、（中略）時ニヨリテ、海防ノコト、イカヾセント思出ル時ハ、寝食ヲ敗スルニ至事アリ[20]

ロシアの侵攻に対して「百王一姓、目出度キ国風」を守るといふのは、専ら戦術を強調する林子平の海防論とも違ひ、尊王に基く海防論としては全国的に最も早い。

更に、謙次にはもつと重大な探検があつた。謙次は寛政五年の探検が布石となり、幕府の蝦夷地巡察隊の近藤重蔵から特に水戸藩に嘱望があり従者として推薦され、寛政十年（一七九八）の蝦夷地探検に加はることになつたのである。謙次は、近藤重蔵、最上徳内等と共に択捉島に渡り、「大日本恵登呂府」の標柱を建てて、日本領の証として来る訳である。謙次の『蝦夷日記』[21]によれば、

木表ヲ書、嗽盥シ南嚮シテ、勢廟、天子、江戸、鹿島、我藩中納言君、一退シテ立原先生ト、七拝シテ書、

寛政十年戊午七月
大日本恵登呂府　近藤重蔵　最上徳内

従者下野源助
善助、金平、孝助、唐助、弟助、勘助、
武助、藤助、勇助、阿部助、只助、太郎助

右ノ如ク刻サセ、夕方リコツフに建、立終又七拝シ、翰墨不朽、信可楽也(22)

と書いてあり、「従者下野源助」とあるのが木村謙次で、標注の文字は謙次が書いたことがわかる。アイヌは十二人で、善助、金平……と日本名を与へられた。一行は命懸けで択捉島に渡り、南端のベルタルベの丘にこの標柱を建てて来たのであり、これは非常に歴史的な意義のある事業であつた。と同時に、一行の探検の様子等を逐一詳細に記録してある唯一の書、謙次の『蝦夷日記』も極めて貴重な書と言ふべきであらう。

文化元年（一八〇四）、ロシア第二次使節レザノフが、ラクスマンに与へた長崎入港許可の信牌を携持して長崎に来航、通商を要求して来た。しかし、レザノフは長期間待たされたあげく、鎖国令により通商は許さず、といふことで止むなく帰つて行く。通商を許されなかつたレザノフは部下フオストフに指示し樺太や択捉を襲はせた。当時蝦夷地全域が幕府の直轄地となつた直後であつたから、幕府からも役人が蝦夷地に派遣され経営にあたつてゐた。間宮林蔵もその一人であり、択捉島のシヤナに勤めてゐた。フオストフ一隊の船が遠方に見えた時、林蔵は軍船と見定め、発砲して来ると警戒したが、上役は交易船かも知れないと言ひ、両者争論になつた。結局船は林蔵の読み通り軍船で、シヤナ会所は襲撃されてしまつたのである。この林蔵の勇敢な防戦を後で知るのが、この事件等を探索に行つた水戸藩の秋葉友衛門、奥谷新五郎であつた[23]。これが水戸藩と間宮林蔵の最初の接点と考へられる。林蔵が初めて蝦夷地へ渡つたのは伊勢の村上島之允に伴はれてであり、その島之允は、寛政十年の蝦夷地探検で木村謙次と行動を共にしてをり、謙次と林蔵の間接的な関係を伺ひ知ることができる。林蔵は後に（天保年間）、烈公や水戸藩士と隠密に交はり、蝦夷地の情報等を提供するといふ間柄になつてゆく[24]。

　文化五年（一八〇八）、間宮林蔵は松田伝十郎と共に樺太探検に出かけた。この探検は異国との国境を探るのが第一の目的であつた。両人は宗谷から一緒に出発したが、樺太のシラヌシより、伝十郎は西海岸を北上、林蔵は東海岸を北上しつつ調査した。北緯四十八度辺にあるクシュンコタンから先に行くのは困難であると判断、変更してマーヌイから西海岸に出、そこから更に北上して伝十郎の後を追ふことにした。ところが、伝十郎は先にラツカに達してゐて、戻つてくる途中で、林蔵と落ち合ひ、林蔵の懇願もあつて再びラツカに向かふ。そして二人は樺太と大陸の間は海峡であるといふことをほぼ確認して帰つて来る訳である。

しかし、国境は未だ不明確であり、林蔵は翌年再び単身で樺太探検に赴くことになる。林蔵は一旦樺太の北緯五十度線辺りまで行つたが、同行者アイヌの協力を得られず、止むを得ず引き返した。当時は、蝦夷アイヌに、北へ行くほど恐ろしいといふ感覚があつたのである。幸ひトンナイから同行者を得て再び北上し、最終的に樺太のほぼ北端ナニオーまで到達した。林蔵は、ここからの眺めと潮の流れによつて樺太は島に間違ひ無いと判断したのである。しかし依然として国境が不明であつたので、林蔵はさらに東海岸に出て、「此島の周廻を極め尽さん」[25]としたが、行つても境界は分らないと知り、「国禁の恐」[26]あるにも拘らず、当地（ノテト）の酋長コーニが満州仮府に行くのに乗じて、仮府のあるデレンまで行くことができた。デレンに一週間程滞留の間、役人にも会ひ、種々見聞の結果、どこの国（清かロシア）がどの部族を支配してゐるかによつて国境があるといふやうな状態であることがわかつた。主目的を果たした林蔵は、満州の方から樺太を眺めて、改めて海峡の存在を確認して帰つて来るのである。この探検の模様は、間宮林蔵口述、村上貞助編纂の『北夷分界余話（北蝦夷図説）』『東韃地方紀行』に詳しい。

林蔵はその後、蝦夷地の測量、経営等に従事し、伊能忠敬の「大日本沿海輿地全図」[27]の完成に貢献した。また文政七年（一八二四）の水戸領大津浜事件に隠密として来たり、水戸藩士人と深く関はつて、翌八年二月の異国船打払令の成立にも大きな役割を果たした。[28]

晩年の林蔵は、烈公、藤田東湖等と交流をもち、烈公の蝦夷地経営策に重要な情報を提供した(29)。いづれにしても木村謙次の『蝦夷日記』と言ひ、間宮林蔵の『東韃地方紀行』と言ひ、豊田天功が『北島志』を編纂する上で、実地見聞録として最も重要視した書物である。

三　徳川斉昭（烈公）の蝦夷地経営策

烈公が若い頃より北方蝦夷地への関心が高かつたことは、豊田天功宛烈公親書(30)に明瞭であるが、就藩以後も度々幕府に意見を述べ北辺の憂を除くやう建議してゐる。例へば、天保五年（一八三四）老中大久保忠真に出した「蝦夷拝領願」(31)には、仲田昭一氏の分析(32)によれば、

(一)　もともと水戸は北国の押さへであり、北海を領することは東北諸藩の横腹を衝くことでもある。
(二)　北地に赴任するに、自分は隠居してもよい。
(三)　水戸は代々四十歳前後で隠居して北海を固めると心得れば、後々の藩主もその心得で成長する。
(四)　北地往来のため大船を建造すること。
(五)　士分の二、三男を土着させる。
(六)　死罪者を一等減じ、遠島者を全員移して開拓に当てる。
(七)　彼らはヤソ教会に柱を立てたが、我らは日本宗にて開拓し、徐々に鹿島明神を立てて人気を固めよう。

といふ、他藩主では思ひも寄らないやうな構想をもち、蝦夷地開発を己が任としてゐたことが伺へるのである。

さらに、天保九年（一八三八）には、「水府公献策(33)」の中で、

当時年々歳々に其憂甚しく一日も御打捨難相成ハ蝦夷地に御座候

として、露西亜の強大さ、千島列島蚕食の様を述べ、文化年間松前氏に任せきりにせず直轄にしたのは良しとして、文政年間松前氏に返したのは「失策」と結論づけてゐる。その上で次の如く献策をしてゐる。

蝦夷の土地松前家へ御まかせにて行届き候事に候ハヾ元より御引上げにも不及候へ共何を申も極小家の儀殊に古来より利益のみ貪り神国の御為に蝦夷をきり開き可申抔と申す志は毛頭無之家風に相見え又たとひ志し候迚も人數も少く力にも及兼先づハ当座の無事を好み夷人段々南を伺ひ候へば松前は段々跡《(しカ)》びさりのみいたし候勢にて所詮右家へ御任せ被指置候而ハ蝦夷の御開拓ハ六ケ敷候故一日御引上げにも相成候事と相見え候へバ（下略）

烈公は「北狄強大にて蝦夷地近く迄押せ居(34)」現状を踏まへ、今や長崎よりも「要害の地(35)」になつたとして、繰り返し「引上げ(36)」つまり幕府による直轄と「蝦夷地鎮撫開拓の御處置(37)」を説くのである。その一方では間宮林蔵から海辺や蝦夷地の情報を得、極秘裡に大内清衛門を蝦夷地に派遣して当地の情勢を探らせ、その経営策を練り、天保十年（一八三九）には『北方未来考(38)』を著した。その要点を

記すと、(39)

(一)　吉成信貞、大内清衛門を派遣し、間者の役割と経営に当てる。
(二)　石狩川流域に築城。
(三)　南部、津軽より牛馬多く移し、農民は農兵に仕立て、海防警備は年番制とする。
(四)　城下より海岸まで烽火制とし、城下を守るため関所設置。
(五)　蝦夷人を馴らすこと、今まで蔑んで恵みをかけなかつた。日本語を使はせ、男は髭を剃り、女は髪を束ねて日本人に同化する。
(六)　育子館設立——城下十里内外の子を育てられないものを集める。足軽以下で子無き者はこの中からもらひ受け育てる。
(七)　国名は「蝦夷」を改め「日出国」とし郡分け村名も蝦夷名を改める。

蓋し、これだけ具体的な経営策を掲げることができた背景には、烈公の多年に亘る研究調査と林蔵や清衛門等の蝦夷に関する的確な情報の提供者がゐたことを思はずには居られない。

なほ『山海二策付図』(40)中に、

本朝六十六国壱岐・対馬之二島を入て六十八ケ国なれハ、松前蝦夷西ハカラフト東ハシコタン等、北ハ千島ヨリカンサツカ迄ヲ北海道と定、新ニ国名御附ニ相成、粒立たる島へハ夫々連枝を取立候ハ、、後世夷狄の防禦も行届、徳川家も数々出来可申哉との愚案也、庶子の中彼地ニて成長致

候者ニ候ハヽ、厳寒も厭申間敷也、

大国の力見セバや我手もて石のカラフト開とそ思ふ

と、蝦夷地を「北海道」と名付けてゐることは注目すべきことであらう。今日、北海道といふ名は、伊勢の探検家松浦武四郎が命名したとされてゐるが、(41)実は烈公と武四郎は『北島志』編纂を通じて大きな関係がある。即ち武四郎は嘉永六年（一八五三）八月六日、『初航蝦夷日誌』十二巻に「意見書」を添へ、水戸藩士加藤木賞三に托して烈公に献じ、(42)翌年七月七日には『蝦夷地図』を献上してゐる。(43)更には安政三年（一八五六）の蝦夷行につき、烈公より金五両を賜はつた。(44)推測の域を出ないのであるが、前記の関係を考へる時、北海道といふ地名は、烈公の腹案といふものが武四郎に受け継がれ、烈公の意を体した武四郎が明治政府に建言して正式に北海道と名付けられのではなからうか。いづれにしても、烈公の蝦夷地に関する知識は、当時の最先端をいつてゐたと言つてよい。(45)

結果的に、烈公の蝦夷地経営の悲願は達せられず、逆にこのことも原因の一つになつて幕府から七ケ条に及ぶ嫌疑を蒙り、隠居謹慎を命ぜられてしまつた。

しかし、嘉永から安政にかけて、アメリカ使節ペルリ、ロシア使節プチヤーチンの来航等によつて、国事多難の情勢となると、烈公は請はれて幕府の海防参与となり、プチヤーチンとの交渉に当たつては豊田天功に『北島志』編纂を命じ、その草稿本ができると早速老中阿部正弘、応接係川路聖謨に示し、蝦夷地の国境交渉で誤りの生じないやう配慮したのである。

四　『北島志』編纂の動機・目的

米国使節ペルリが通商を要求して浦賀に来航し、日本国中を震撼させたのは、嘉永六年（一八五三）の六月三日の事であつた。ちまたでは、

泰平の眠りをさます上喜撰たつた四はいで夜もねられず

と、夜も眠れないほどの騒ぎになつたのであるが、責任ある立場の者にとつてはペルリの強硬な要求に対し、二百年来の祖法に鑑み、重大な決断を迫られる場面であつた。

この難局に、時の老中阿部正弘は筒井肥前守政憲・川路左衛門尉聖謨の両名を、ひそかに駒込の烈公（徳川斉昭）のもとに遣はし（六月十四日）対処の仕方を相談させた(46)。

談、夜中に及んでも尽きなかつたと言はれるが、筒井・川路の意向は、

御備さへ御手厚く候へハ心丈夫ニ候へとも如何ニも御手薄故俗ニ申ぶらかすと云如く五年も十年も願出を濟せるともなく斷るともなくいたし其中此方御手當此度こそ嚴重ニ致し其上ニて御斷ニ相成可然(47)

といふものであつた。これに対し烈公は、

我等答ハ當節御手薄ニ付御備御手厚ニ相成迄ぶらかし候義しかと御見留有之出來候義ニ候ハ、其義存意無之異船來り候へハ大騒致し歸リ候へハ御備向忘れ候事さへ無之候ハ、ぶらかすも時にと

りての御計策ニ候へハ無已候[48]

と、戦争になるよりは得策との判断で、ぶらかし策も已む無しと同意した。しかし、

少々たり共交易御濟セの義ハ　祖宗の御嚴禁故拙者へ御相談ニてハ宜敷とハ不申上由申ス[49]

と、重ねて強調したのである。そして、相談が済んだ後、烈公は両人に対し、

菓子薄茶一寸吸物遣し又我等拙作の拵付（常ニ帯候品）大小遣ス 川路へ大 筒井へ小 刀の鍔へハ自詠金像眼 立田川錦にまかふ紅葉はもちらすハいかて人の見へき 脇差の鍔ハ西行の道のへニ清水流る、柳かなの歌是亦自筆也つばハ角つば[50]

と、佩刀の大小と和歌を与へたことである。

程なく（七月三日）、烈公は、老中阿部正弘に請はれて幕府の海防参与となり、外国交渉の一翼を担ふことになつた。

同時に藤田東湖も海防掛りとなり、幕政に関与することになつた。

齊昭既に出でて防海の大議に參するや海内の士皆頸を延いて其運籌を瞻仰せざるはなく或は其の事の防海に止まらすして大政にも參與あらんことを望み 徳川慶恕の建議 或は将軍家の後見たらんことを要し 横井時存安井衡の所論 或は勅命を以て直接に朝廷より委任せられん事を論じ 梅田定明の書翰 或齊昭の深く自ら任じて嫌疑を顧みず専決果斷あらんことを勸め 幕下向山源太夫の呈書 其他の論策紛々一ならずと雖も率ね皆齊昭に頼りて國體を維持せんことを欲したるもの、如し八月廿九日松平齊彬の齊昭に寄せたる書翰に一首の和歌あり曰く

乍恐今度御登営いたされたるをかしこみ奉り候

雲きりのへたてもはれてさやかなる月のひかりを仰くかしこさ　（「水戸藩史料上編巻一」）

この困難に対処し得る人物として、烈公は一身に期待を担つた。屈辱的外交を避けるために、就藩以来二十年も前から武備の充実に努め、幕府に何度も建議をしたが、アヘン戦争があつても、幕府が本腰を入れることは無かつた。事ここに至つては、対等の外交は望むべくも無い。

ペルリの強硬な要求に対し、ただでさへ右往左往してゐた幕府にとつて、米国に遅れじとやつて来た、露西亜使節プチヤーチンの長崎来航（七月十八日）は、またまた厄介な難問を抱へることになつた。[51]しかも、プチヤーチンの要求は、

(一)　両帝国の国境を定めること

(二)　開港、交易

の二つであつた。

既に、最上徳内、近藤重蔵、木村謙次、間宮林蔵といつた著名な探検家の記録、報告書はあつたにせよ、北地の国境については未だ不分明な点も多く、その確定要求に幕府が困惑したであらうことは容易に察せられる。

十月八日、露西亜使節の応接係として、正式に筒井政憲、川路聖謨が任ぜられた。両人は十五日、公式に将軍に謁し、長崎行の暇を得た。

なほ、水戸からの随行者として、前年より川路のもとに居た宮崎復太郎（日下部伊三次の変名、後の海江田信義）父子、藤田東湖委託の東湖の甥原市之進（随行記『西遊記』[52]の著あり）が同行することになつた。

江戸出立の前日（十月二十九日）、両人は、荒尾土佐守、古賀謹一郎等と共に、将軍徳川家定、老中一同、若年寄に謁した。この日烈公は藤田東湖に依頼し、自製の薬と、その包紙に朱筆の和歌を認め筒井・川路両人へ贈つた。即ち、

嘉永六年肥前守筒井政憲が七十餘りの齢にて長崎へ出立けるはなむけに、

いにしへにまれなる老の坂こゑてよを長崎にいてたつか君

同川路聖謨へ

わが国の千島のはてハえそしらすさりとてよそにとらすべしやハ

みちのくのちしまのはてはえそしらぬかそへてかへれわか君の為

（参）是の時川路聖謨の和答せしもの左の如し

限りなき君が恵はゑそしらぬ千島のはてハよみ盡すとも

誰れ餘所にとらすべきやは我國の千しまと君がをしへあふきて[53]

とあつて、川路は、烈公の意を体し、覚悟を決めて長崎へ向かつた。

だがしかし、川路も国境確定のための学問的裏付のある十分な証拠を持ち合はせてゐたわけではな

かつた。だからこそ烈公は、応接係出立後も十分な確証を得やうとして、「年来夷狄の事心を用候者」[54]豊田天功に、

魯西亜の考并北蝦夷の考、千島の考、此三ケ条取調出来次第指出候様[55]

と命じたのであつた[56]。

またプチヤーチンの再来が真近に迫つた翌嘉永七年（安政元年）七月十四日にも、

手元に有之書并図共為見申候、蝦夷之儀は此節指かゝり御入用に候へは、何分早く取調へ指出し候様（中略）此上魯西亜と申合候節もしかといたしたる證を見出し度事に候へ共何共安心不致候[57]

と再命を下してゐる。

書中の「魯西亜の考并北蝦夷の考千島の考」が後に、『北島志』『北慮志』となつて成立する訳であるが、天功自身も『北島志』凡例の中で、

君公臣に命じ、此書を作るは、実にその地理人情を審にし、以て折衝禦侮の用に供せんと欲す

とその目的を記してゐる[58]。

以上述べ来つたところにより、『北島志』編纂の動機、目的は明瞭であらう。

五　編纂者豊田天功

『北島志』編纂経過を論ずる前に、烈公より編纂を命ぜられた豊田天功について述べておかなけれ

ばならない。

従来、天功関係の史料は殆ど無いとされてきてをり、まとまつた伝記も今日まで書かれてゐない。わづかに「水府系纂」、倅小太郎が著した「松岡先生年譜」、青山延光撰文の「豊田天功墓銘」によつて、その生涯の大概を知るのみである。

豊田天功、諱は亮、松岡また晩翠などと号した。

嘉永四年（一八五一）から五年にかけて一ケ月程水戸に滞在した長州の吉田松陰が、

学問該博、議論痛快、人をして憮然たらしむ(59)

と讃へたその人である。

「松岡先生年譜(60)」によれば、天功は文化二年（一八〇五）久慈郡坂野上村（現里美村）に生まれ、文政元年（一八一八）十四歳の時藤田幽谷に入門、十五歳で藤田東湖と共に江戸に上り、岡田十松に剣道を学んだ。十六歳となつて、幽谷の推薦で留付並史館見習となり、十七歳の時元服、彦次郎と改名して師幽谷の塾青藍舎に寓した。

文政五年（一八二二）「禦虜対(61)」を作ると、以後殆ど十年間読書に刻苦精励し、天功自身が、

吾が学問はこの時に於て最も力を得た(62)

と述懐するところである。

天保三年（一八三二）二十八歳の時、初めて烈公に「中興新書(63)」を上り、藩政の改革を訴へた。翌

年、荘司謙斎宅にて甚だ痛飲し、一座の者を驚かせた一件があつて後、しばらく沈潜するが、天保十二年（一八四一）三十七歳の時、弘道館班馬廻に抜擢され、史館編集を兼ねた。

そして翌年、先学先輩を以てしても遂に成し得なかつた「仏事志」を、八十日余の短期間に完成し、烈公から

志表を成就する者は亮より外あるまい[64]

と嘆称された程の碩学であつた。

事実、天功はその後、修史に専念し、烈公の期待に応へ、「氏族志」「食貨志」「兵志」と、元治元年（一八六四）六十歳で亡くなるまでに悉く完成させたのである。

もつとも、甲辰の国難（弘化元・一八四四）が起こつたのは、「兵志」を草してゐる最中であつたため、天功は烈公雪寃に粉骨砕身する。[65]その後も、ペルリの来航、プチャーチンの来航と国難が続いたため、安政三年（一八五六）彰考館総裁となつて国史の編纂に再び専念できるやうになるまでの十二年間は、志表編纂の中断を余儀なくされた時期があつた。

ところで、天功の父信卿は、隣村天下野村（現水府村）の北方探検家木村謙次に学んだらしく、蝦夷地やロシアに対する関心は、父信卿に負ふところ大きかつたと言へるのではなからうか。[66]

また、文政元年（一八一八）十四歳の時に、当時最も北辺の情勢を憂慮してゐた藤田幽谷の門に入つたことも、北方問題への関心を高め、研究を深める動機となつたに相違ない。[67]倅小太郎も「松岡先

生年譜」で、先生の学問は幽谷から出て居ると言つてゐる。

而して、文政五年、江戸の彰考館総裁青山雲龍の試問に応じて作つた「禦虜対」は、その冒頭に、

> 醜虜、中國を覬覦す。実に天下の大患なり。而して其の防禦の策は、則ち天下の大計なり。豈に一國の禍、一國の計ならんや。故に對策は先づ其の大なる者を論ず。而も之を外にしては一國、之を大にしては天下、固より將に施して不可なからんとす。禦虜の對へを作る(68)。

として、夷狄が日本を覬覦するのは、我に文が闕け武を廃する時であり、西戎は、

> 至る所先づ其の邪教を布きて後其兵威を耀し、以て之が國を奪ひ、或は榷場互市、釁《きん》を俟ちて動く(69)

ものであり、南方諸国を呑併する時は、皆是の術を用ゐると論じてゐる。

然らば、これを禦ぐにはどうするか。天功は続けて、

> 我必ず我が文を修め、我が武を奮ひ、以て之に勝つと。所謂我が文を修むるとは何ぞや。必ず當に先づ聖人、神道を建て、赫然著明、易簡易知、以て萬民を諭すべし(70)

と、聖人と神道を建てることの重要性を述べるのである。そして「文を修め」に関しては、

> 今將に邪教を防がんとせば、固より宜しく神典祀典を明かにして、民をして趨向する所を知らしむるべし(71)。

と策をたて、「武を奮ひ」に関しては、

怠惰を起し嚴に備を戒むる[72]ことが先務であり、堡障や鉄砲、船艦は次善の策と論じるのである。十九歳にしてこの見識をもつてゐたことに驚かざるを得ないが、いづれにしても若き日よりの学問修養の賜物であり、後年（嘉永六年）、烈公より『北島志』編纂を命ぜられたのはこの対試と以後の研鑽（嘉永三年『海寇首末[73]』の著あり）あつての故であらう。

六　『北島志』編纂の経過

さて、長崎に於ける日露の交渉は六回に及び、とかく国境確定を急ぎ、条約私案を示して来たプチヤーチンに対し、応接係川路聖謨は到底承服できないとして条約私案を返却し、択捉島は日本領土であり、樺太は実地調査の上国境を確定する旨を伝へた。参考までに、川路の『長崎日記[74]』により、国境交渉部分のみを取り上げ、彼我の主張の経緯をふり返つておきたい[75]。

回	日本（川路聖謨）	露西亜（プチヤーチン）
(12／20) I	○ゴロウニン著『遭厄日本紀事』を引用してウルツプ島の中立と択捉島の日本領を主張。	○ゴロウニンは露国政府の正式使節の資格を持たず、国境画定の権限はなく、したがつてその意見は証とするに足らない。

回	日本（川路聖謨）	露西亜（プチャーチン）
（12／20）Ⅰ	○ゴロウニン著「遭厄日本紀事」を引用してウルップ島の中立と択捉島の日本領を主張。 ○樺太は、老中宛公文が事実に反するとして、公文を撤回し、かつ同島駐留の露国守備隊を撤退させ、しかる後実地調査を行って国境を決定すべきであり、それには数年を要する。	○ゴロウニンは露国政府の正式使節の資格を持たず、国境画定の権限はなく、したがってその意見は証とするに足らない。 ○老中宛公文に穏当を欠く記事のあつたことを認め、樺太国境画定の上は、露国守備隊は、即時撤退すべしと釈明し、同島の国境画定の早期解決をせまつた。
（12／22）Ⅱ	○樺太の国境を北緯五十度に設定することを提議。 ○古記録に徴し、千島全島日本領土であると主張。	○アニワ湾住居の日本人は二十人ほどにすぎず、また露人は最近北緯五十度以南の地点に炭鉱を開き、また同地方に日本人住居の痕跡は認められぬから同意できない。しかし、日本人の居住地域を露国領土に編入する意志はないから実地調査の上に国境を決

	(12／24) Ⅲ	(12／26) Ⅳ	(12／28) Ⅴ
	（国交開始をめぐる応酬）	○アニワに日本人が居住するのは明白な事実であり、元来日本領土であると主張。	○両国の主張はこれまでの会商で、一般論としてほぼ理解されたゆゑ、今後は勘定組頭中村為弥を露国旗艦パルラダに派遣し、文書によつて交渉を行ひたい。
定したい。 ○択捉島は日露両国人が居住する事実を指摘して折半を提案。		○樺太国境も明年三、四月頃までに決定をみなければ、露国政府は今後も殖民事業を継続し、遂には全国露領となる可能性を示唆。 ○国境画定がこれ以上遅延するならば、今後の情勢は日本にとつて不利に赴くであらうと警告。	○第二回会商の際に、聖謨より提出を求められたアニワ守備隊長に交付する諭告ならびにその蘭訳文を提示。

回	日本（川路聖謨）	露西亜（プチャーチン）
（12／30）Ⅵ	○第一回会商以来の日本側全権の論旨を列記した覚書〔樺太は実地調査のため係員を急派すること、薪水、食料等の欠乏品は北海道以外の港で無償給与すること、択捉島は日本領であること〕を渡す。 ○条約私案を明日中村の手によつて断乎返却することを一決。	○覚書受納を拒否し、それと引き替へに日露条約案を中村為弥に手交、日本側全権が同意すれば、明年正月四日に記名調印すべしとの伝達を依頼。

結局日本側は、中村為弥を通じて条約試案を返却（嘉永七年正月二日）[76]。そこで露西亜側は日露修好条約草案〔日露の国境は千島においては択捉島、樺太島においてはアニワ湾までを日本領土としその以北を露国領とする〕と、応接係宛の文書二通を中村に手渡し、伝達を依頼した。これに対し、日本側は正月四日、露国条約草案に対する回答〔①択捉島は日本領土たること②樺太は実地調査の上国境を決定すること。ただしアニワ湾駐屯の露国守備隊はすみやかに撤退すべきこと〕を中村によつて手渡した。

かうして交渉は決裂し、プチャーチンは再来を約して長崎を去つた。

それにしても、この交渉における川路聖謨の露西亜人観察と交渉態度はだうであつたか。『長崎日記』に曰く、

魯人機をみること、特に早く、実は人を馬鹿にすると云かことき意あり。しかし正理を以押迫れは必無言に成、別事をいふか、日延申出るかの二ツなり(77)

と。随行者原市之進の『西遊記』にも、

夷人の應接事狃れていかにも如才なきにハ驚きて言ひき(78)

と見え、交渉に於て、一歩も譲らなかつた川路の気迫が伺へる。

ところで、烈公は、前述の通り、プチヤーチンの再来を察し、嘉永六年七月十四日、豊田天功に対して再度の『北島志』編纂命令を出す一方、自ら幼年より収集してきた蝦夷地関係書を天功に預け、『北島志』の早期完成を期したのである。

命を受けた天功は、七月十七日の呈書において、

御書被下謹て奉拝見候蝦夷地方の御秘書圖類御下けに相成御入用の一書早く取調可申旨尊慮の趣眞以御尤至極の御儀に奉存候小臣も愚意に當今北地の儀頃刻も緩すべからす打捨差置候へは始終禍中州に及ひ奈何ともすへからさる儀に可相成と甚以痛心疾首の至奉存候間少も早く右の取調仕北狄を制する御足り合にも相成候様にと勵精仕候て先蝦夷地久奈尻恵土呂府等の属島迄明白に相分り要領を得候様に御座候只カラフトに至り候ては不分明の儀甚多く是は元來昔より幕府の官吏

松前の士人等カラフトを偵察の者至て少なき故に御座候天明六年に浪人大石逸平寛政二年に松前の士人高橋壯四郎同四年に幕府の吏最上徳内享和元年に同官吏中村小市郎高橋次太夫文化五年に間宮林蔵凡五度位に有之仍て地理方位も不分明諸書合考候に異同夥敷有之此節右に差支工夫仕居候處御秘書圖類御下けに相成候へは右を捜索情實總て明白に相成可申候へは一書も早速に出來可申眞以て難有仕合奉存候何分此上日夕勵精成功を急き可申候手不足に付ては御雇等政府へ申出認させ候様可仕との上意右等の儀迄奉煩尊慮甚以恐入奉存候何分可宜人物申出候様可仕候（後略）(79)

（傍線筆者）

と、この時点で、カラフトに関してはまだ確証を得てゐない。そこで烈公は、同月二十四日の親書で、不順の候無障精勤令大悦候偖は我等幼年の節より蝦夷の儀不安心に存候得は追々彼地に拘り候書を取集置候處右は先便指下し申候處寫申付置候分出來に付未表紙をも付不申候得共入用と存候故

休明光記九冊是は羽太安藝守御付相勤候節の著述にて至極の秘書に候得は一切他見をは斷申候萬一泄候には甚指支申候

外に魯西亞人モウル存書　一冊

北裔備考　五冊

瓦刺弗吐島雜記　一冊

何れも北地調入用と存候故今便指下し申候過日下し候小長持へ一同に入置可申候此段便に指か、り急き亂筆にて申聞候也

七月念四

彦次郎へ[80]

と書き送り、さらに閏七月親書とともに、「吹流左禮之記六冊、未曽有の記一冊」[81]を送った。

かうして天功は、彰考館蔵本や烈公収集本をもとに、日夜寝食を忘れるほど『北島志』編纂に没頭するのであるが、閏七月二十三日、一つの確証を得た。呈書に

謹て案するにカムサツカは勿論アツケシ、クナシリ夷長イコトイの先祖其地に渡りて漁獵し肉を曬し乾し候より起り候地名にして神州統轄たるは申迄もなき儀に御座候此ゴローインか書にも箇様にしるし置候是又一の證據と可申候千島夷人の名アイノと付き候を魯西亞人に改められ候儀先達て申上候様相覺申候三百年許以前日本人にクリル諸島を巡る者有之と申候は其節通事よき程にゴローインに爲申聞候にも可有御座候得共年數を以考候へは松前氏先祖信廣の事をさし候様にも相聞申候其外證據を得候はヽ追々申上候様に可仕奉存候以上[82]

と見え、カムサツカまで日本領だ、といふのである。しかし、地理は依然として不分明な所があつたらしく、次の月日欠の呈書は、その辺の事情をよく物語つてゐる。

謹て奉言上候私儀魯西亞蝦夷千島共風土人情古今沿革巨細取調候様蒙仰其以來日々勉勵彰考館有合御書籍等追々相調候處元來外國へ関係之書籍少なく候上第一蝦夷地方風土人情之儀書物計にては埒明かね俗にいはゆる疊の上の水稽古と申様相成實地の用をなさす候尤前輩中にて羽太安藝守か休明光記近藤重藏か邊要分界圖考木村謙次郎か蝦夷日記間宮林藏か東韃紀行等皆實地を經歴し

まのあたり見聞し候儀を相記し可取儀甚多く御座候へ共地理はとかく不分明儀有儀有之是儀當節第一差支申候仍て反覆熟慮仕候當今蝦夷地へ渡り頗其風土人情を審にし候は松浦武四郎と申者を第一と可仕右健《ママ》五郎伊勢之産にて至て奇人三度迄蝦夷地へ渡り候始末定て高聴にも入居候に可有御座奉存候此者當今有用之人物とも可申仍ては此度反射爐御取立一事に付南部人《大島高治》御頼に相成候同様暫之内此地へ御頼被差置蝦夷地風土人情等私追々直談承合相定可申歟只しは武四郎著述之三航蝦夷日誌と申者爲差出右を寫し留追々校正之助に仕候共如何共可宜様仕何分小臣被仰付候御用之書速かに成功奉呈高覧度奉存候武四郎儀元來奇物氣高く人を睥睨蔑視し且暮し方の儀時々世中之謗を受候儀承及申候得共元來北地へ三度も渡り候抔申は尋常平和穏當之性質にては中々相成間敷それ丈之根氣も有之男一くせ有之は勿論と奉存候營利は寸祿なき者の儀いかにも不得止情可有之左様に備はるを責め候ては人物絶て無之様可相成儀に御座候へは只其所長を取り今日國家之實用に供し扨右成功之後武四郎へは可宜御報賞御座候は、御的當に可有之何にも當今蝦夷地之儀差懸り候天下之大憂に有之一日も早く被仰付候御用之書成就呈高覧度奉存候に付前件之儀謹て奉申上候以上[83]（傍線筆者）

果して草稿は、天功の夜を日に継ぐの努力によつて、九月四日には完成し、九日に烈公の上覧にあづかつたが、再命を受けてよりわづか五十日足らずの早業であつた。内容は、

北島志成功早速一覧之処乍毎度絶倫之見識氣力實に令驚嘆候地理物産等云々念入候儀何も此外に

別に中付候に不及候右志我等より幕府へ指出可申存候所差支無之哉為念承候尤右様之書傳播候儀幕府にては甚忌候故當今は先々草稿をも深く秘候様いたし度候也[84]

と、甚だ烈公の意に適つたものであつた。藤田東湖からも、同日、

拝啓只今被爲召太公御前へ罷出候處御意に北島成功誠に神速之事感心感心偖早速阿閣（閣老阿部伊勢守なり）へ廻し幕有司の心得にいたし度候萬一筆者にて幕へ出すならは此處箇様いたし度と申事有之ては不宜候間爲念豊田の存意承候積也（後略）[85]

と、懇な書状をもらつた。しかし、天功自身は十分満足のいく草稿では無かつたらしく、十八日の呈書で、「四夷八蠻之形勢事情委敷相究[86]」めるために「蘭学者一人取立[87]」る必要性を献言してゐる。

それはともかく、『北島志』は、近藤重蔵の『辺要分界図考』、木村謙次の『蝦夷日記』、間宮林蔵の『東韃地方紀行』、羽太正養の『休明光記』といつた探検家達の確拠ある実地見聞録を重要視し、しかも古今の蝦夷地関係書を参考にして書かれたものであり、当時の蝦夷地研究の集大成とも言ふべき書であつた。

プチヤーチンの軍艦は、既に九月十八日、交渉を有利に運ぶべく大坂安治川沖に投錨[88]、大坂城代土屋寅直、大坂町奉行所は、烈公の意を受けて、再三プチヤーチンと交渉中であつた[89]。

九月二十九日、天功宛東湖書簡によれば、

貴翰拝誦北島志之事に付縷々御書中委曲承知清書之事彼是と御直に御世話被爲在候處今程御承知

も候半鄂虜布恬庭乗候一隻去去月下旬箱館へ入津閣老への一書を奉し數日右港に徘徊乍例傲慢無禮當月十五日紀州沖に異船一隻出没十八日未牌浪華海へ乗入土浦侯御城代始め大痛心はしめは何國の船とも不相分候處段々相糺候へはやはり前書布恬庭浪華へ廻り候に相違なく此節京畿の騒擾大方ならす候當時の形勢にて相察し候に筒井川路兩人浪華へ相越候て應接歟又は鄂虜を下田港へ呼よせ右港へ兩人出張り應接の二つに落入可申歟いつれにいたし候ても北島志は當時必用一日を爭ひ候御著述ゆゑ中々清書を待兼申候今朝御意には筒川（ママ）等の腹へ北島志を入置候は丶夫丈の益可有之應接に差懸かり候ては見せ候ても腹に入兼可申候間極草稿のま丶内々廻し候ふりにて公邊へ御差出し尤糞桶はしめ博士抔へ廻し不申全く應接懸りの兩人へ見せ早速返しくれ候樣可申道との御意に御座候多分右様相成可申歟定て貴兄御手許には全くの御稿本は可有之との御見通しに御座候[90]（傍線筆者）

と見え、烈公は、天功に『北島志』を清書させてゐる時日は無いと判断、天功に相談し、草稿本のまま老中阿部に示し、阿部これを読み、応接係川路に回送した。阿部は、『北島志』を読み「誠に以驚入候儀感心仕候」[91]とその感動を烈公に伝へ、川路は『北島志』を早く見たいと「殊更渇望」してゐた（「答書草案」[92]）といふ。そしてこの頃、正式に『北島志』と名付けられた（「川路宛烈公親書」[93]）。

十月十五日、プチヤーチンが下田に来航。結局川路は下田へ出立（十月十九日）前に『北島志』を熟読することが叶ひ、学問的裏付を得てプチヤーチンとの交渉に当たつたことである。

一方、これより先、幕府は、樺太の実地調査のため、目付堀織部正煕と勘定吟味役村垣与三郎範正を急拠樺太に派遣した。両人は三月二十七日江戸を出発、六月十三日にはクシュンコタンに着き（六月十七月まで）ロシアの陣取場所を検分、同月二十五日からエンルトマリ、さらに南端シラヌシまで戻り（七月一日）、部下が北部を調査してくるのを待つた。部下はラツカまで達し、結局七月十一日シラヌシにて堀、村垣両人と合流した。両人は、報告を受け、川路が下田に出向する前には江戸に戻つたらしい。[94]下田での第四回会談に検分の様を伝へてゐる。

ここで、下田における交渉での彼我の主張の経緯をたどつておかう。

回	日本（川路聖謨）	露西亜（プチャーチン）
（11／3）I	○言を左右にして応ぜず、追求されると考慮すると答へた。	○日米両国間に和親条約が締結された由を伝聞してゐると述べ、日露間にも条約を締結する目的をもつて来航したと表明。 ○日本国政府が通商開始に同意するならば、択捉島の日本領土たることを認め樺太島についても譲歩の用意があると声明。 ○日米和親条約の謄本の閲覧を要求。

回	(11／4)	(11／13) Ⅱ	(11／14) Ⅲ
日本（川路聖謨）	（大地震・大津波）	○択捉島が日本の所属であるのは勿論、樺太島もアニワより黒龍江附近まで日本領であると応酬。これはかつて松平十郎兵衛の祖伊豆守秀持が蝦夷図取調掛の時に、また、村垣与三郎の祖淡路守定行が松前奉行の時樺太の調査を行って明らかなところであり、樺太が露国領たる確証のない事実に照らし現状維持とすべきであると述べた。	（条約の逐条審議）
露西亜（プチャーチン）		○日本所領エトロフ、并びにカラフト南手アニワ湾を省く北手のサカリン島南方の際迄露西亜領と主張。 ○国境確定は更に研究の上商議を継続したいと明答を避けた。	

(12／2)	（露艦ディアナ号沈没）
(12／14) Ⅵ	○国境問題では、川路とプチャーチンの間で決着せず、随員の再検討に委ねられた結果、千島の国境は森山栄之助とポシエットの間で原案がなる。樺太国境は、プチャーチンの主張を考慮して、条約附録に「樺太島の儀は嘉永五年（一八五二）迄日本人并蝦夷アイノ住居したる地は日本領たるべし」との一項を付加することで妥結。
(12／15) Ⅴ	○十一月二十二日、一旦決定した日露和親条約案を全面的に検討し、特に日米修好条約に対照して相違する点を検討、調整。

(95)

長崎での国境交渉で川路は、千島列島を初めは択捉島まで日本領であり得撫島は中立と主張し、二回目は千島列島全て日本領と主張した。樺太については初め、国境を北緯五十度に設定することを提議、六回目の会談では実地調査の上判断すると約した。

ところが下田での交渉では、川路は千島列島は択捉島まで死守の姿勢を貫き、樺太はアニワ湾より黒龍江付近まで領域を拡げて日本領だと応酬してゐる。

実は、川路は『北島志』を携行し、下田での交渉に当たつてゐたのである。川路は十一月二十二日の日本側の打合せで、

革（川路）示二北島志一水府人川田某（天功のこと）二月間所二編定一、北島掌故、無下出二其右一者上と云々(96)　（――）

（返り点筆者）

と語つたといふ。

このことからも、川路は、『北島志』を学問的拠り所として日露交渉に臨んだ、と言つてもさしつかへないであらう。

川路聖謨の「下田日記」には、

廿一日、くもり、又雨、又晴、けふは、日本・露西亜永世の会盟と申すべき訳にて書面の取替せ有り。着服は、御紋附の羽織、蜀江かたの野袴、花山桃林のまき絵大刀作の大小、これを用ふ。

これは前中納言殿并に左衛門尉の自詠を鍔に彫りたる大小也(97)。

と見える。実に川路は、烈公から拝領した大刀の鍔に、烈公、川路自詠の歌を彫つて(98)日露和親条約に臨んでゐたのであつた。

結果的に、既成事実を作りながら(99)始終巧妙に進めるプチヤーチンの交渉に対して、川路の断固としたねばり強い交渉によつて、国境は択捉島と得撫島の間、樺太は界を分たず従来の通り、となつた。必ずしも水戸の主張のやうにならなかつたのは、老中阿部正弘の判断が間に入つたり、第一線

で交渉に当る場合の難かしさもあつたのであらう。

なほ、条約附録にあつた、

樺太島の儀は嘉永五年（一八五二）迄日本人并蝦夷アイノ住居したる地は日本領たるべし

との附帯条件が後に削られたことにより、露西亜はこれに乗じて、樺太経営に乗り出し、日本にとつて、再び由々しい問題となつた。しかし、文久二年（一八六二）松平石見守等の見事な談判によつて樺太南半分は守られたのである。[100]

かくして豊田天功の『北島志』は、幕末国事多難の時、阿部正弘が言ふやうに、

今方大有用の書[101]

であつた。そしてこの草稿本[102]は、だうやら川路聖謨が始終持つてゐたらしい。安政二年三月十九日の東湖からの天功宛書簡に、

北島志御改竄被成度候間一旦御下けに取扱可申旨致承知候然る處右は始終川司農（川路聖謨）之方へ廻り居過日司農一寸帰府又々出張のよしゆゑ今少々御猶豫可被下候司農帰府候は丶老公（烈公）より阿閣（阿部正弘）へ御さいそく阿閣より司農へさいそく引返候手續に可相成候[103]（括弧内は筆者註）

と見え、しかも同年十一月二十四日烈公親書には、

北島志三冊

公邊より返り候故下し申候尚書入等致候は丶清書の上猶又為登可申候[104]

と見えるからである。つまり、安政二年十一月頃までは川路の手元にあつた。烈公から清書して提出するやう命ぜられた天功は、松浦武四郎の献上本、

初航蝦夷日誌　十一冊
再航蝦夷日誌　十四冊並附録一冊
三航蝦夷日誌　七冊並附録一冊
蝦夷日誌　一冊
蝦夷日合図　十四巻
後方羊蹄於路点　一枚[105]

から「取るべき處を相記し[106]」「書入れ[107]」を進めようとしてゐたが、安政三年十一月二十九日の天功呈書に、

小臣當節大日本史志編集御急ぎに付間合兼志表成功に相成候後に仕度奉存候[108]

とある所を見ると、天功は再び志表の編纂に追はれ、清書本は終に完成しなかつたと思はれる。しかも天功は志表編纂途中、元治元年（一八六四）志半ばにして没してゐる。

七　『北島志』編纂の意義

豊田天功の『北島志』は、誠に残念なことに、伊勢の探検家松浦武四郎の蝦夷地実地見聞録との照合は、僅かに『初航蝦夷日誌』のみであつて、武四郎のその他の著述との照合は、前節に述べたやうに、果されなかつた。このことは、『北島志』の瑕瑾といへばいへようが、しかしながらこのことによつて「北島志」の価値は些かも減じることはない。といふのは次の諸点に於てである。

㈠　直接の対露応接係川路聖謨に学問的裏付を与へ、対露西亜対等の交渉を可能ならしめた点

㈡　烈公の最先端の蝦夷知識と木村謙次や間宮林蔵、近藤重蔵や羽太正養等の実地見聞録を重視し総合的な蝦夷地史を完成させた点

㈢　幕府の役人、学者の中にも「蝦夷が千島は松島」等と唱へる者がゐた時代に、蝦夷地の範囲、日本の領域を明確にし得た点

その重要性に拘らず、従来、『北島志』編纂の目的、経過、意義が論じられたことは無く、むしろ誤解さへあつた。

小西四郎氏は、『北島志編纂始末』の解題に、

本稿は、『北島志』の編纂過程における諸関係史料を収めたものであり、斉昭から天功に対する編纂司令書（嘉永六年十二月）に始まり、両者の間の往復書翰や、藤田東湖の天功宛書翰を収めている。地志編纂過程の諸事情をよく知る事のできる史料として、非常に珍らしいものであり、それだけに有益な史料であるといえる。(109)

とは書かれてゐるものの、『北島志』編纂の目的と意義については触れられてゐない。

また、河内八郎氏が、天功と『北島志』に関して、

『北島志』はロシアへの不安を述べている(110)

と言はれ、さらに、

嘉永以降の北方問題に関する天功の著作には、近藤重蔵ら幕府役人の探検などの事跡は記されていても、危機を独自に受け止めて先駆的な活動をした立原翠軒や木村謙次らの同じ水戸藩の人の業績はとりあげていない。排外・攘夷の知識的裏づけに終始した天功の限界をここに見いだす(111)。

と言はれてゐるのは、編纂の目的を考慮しない的はづれの議論であり内容についても誤認している(112)。

それにしても、プチヤーチンの来航が『北島志』編纂の直接の動機になつたとは言へ、烈公の突然の編纂命令、それに対する天功の神速な編纂。『北島志』編纂をめぐつて君臣水魚の交はりを思ふのである。

をはりに

以上考察し来った所、要点のみを記し、甚だ粗雑になったことを愧ぢるが、烈公はもとより天功をはじめとする数多くの藩士達は、幕末の国事多難な時期にあつて、義公の治政、特に大日本史編纂とか快風丸の蝦夷地探検などを想起し、そしてそれを一つの規範としていろいろな学問事業を展開して

いつた。豊田天功は天保三年の『中興新書』[113]の中で、「先君の偉業」や「義公の偉業」を再び振起することの大切さを述べ、先君の徳業の一つとして、「快風の船を造らせ給ひし類」をあげてゐる[114]。

義公修史の意義は、かうした義公回顧の気運と義公以来の学問の蓄積によつて、殊に幕末の国家非常時に、大きな力を発揮できたことにあると言ひ得るのではなからうか。

註

(1) 吉田一徳氏『大日本史紀伝志表撰者考』所収「中島平次為貞と外国伝稿本の成功・外国伝を諸藩伝と改めた理由」。

(2) 『水府系纂』には見えず、右同書に詳しい。

(3) 『水府系纂巻五十九下』。

(4)(5)(6) 読み下しは、彰考舎刊『譯註大日本史』に拠った。

(7) 彰考館所蔵　同書は茨城県立歴史館にも所蔵されてゐる。

(8) 彰考館所蔵　同書は茨城大学付属図書館菅文庫に、彰考館本の写が所蔵されてゐる。

(9) 『史窓』第二十二号所収「まぼろしの探検船―快風丸についての考察―」
初めて快風丸の蝦夷地探検の目的と意義について掘り下げた論文。

(10) 『徳川實紀』第五篇寛文九年七月廿日の項に、
この日、小姓組松前八左衛門泰広暇給はり蝦夷に赴く。これは、この十八日蝦夷酋長しやくしやいんといふもの。党をむすび蜂起し。商船十九艘を掠奪ひ。其外松前の士商等二百七十三人殺したり。よりて兵庫矩広が家士千人あまり討手にさしむけたるよし注進せしかば。これをたすけよとてつかはされしなり。津軽にも加勢を命ぜられしとぞ。

と見える。

なほ、山下恒男氏が『江戸漂流記総集』第一巻の「解題」の中で、松宮観山『蝦夷談筆記』に依拠せず、それを下書にして軍書風の講釈本に仕立てた『蝦夷国風一揆興廃記』、さらにそれを元本にしてできた『異国漂着船話』に専ら依拠して、松前藩が幕府老中に提出した報告書『蝦夷蜂記』を、およそ欺瞞の書として一蹴し、『徳川實記』の記事にも言及されてゐないのは、考証の仕方としてだうであらうか。

しかも、依拠すべき文献の一つ松宮観山の『蝦夷談筆記』を読む限り、シヤクシヤインの娘聟は和人庄太夫で、和人庄太夫とアイヌ人は対立関係になく、オニビシがシヤクシヤインの傍若無人の振舞を許す能はず、討取に立ち上がつたのが両者死闘の事の発端であつて、

「シヤクシヤインとオニビシとの抗争は、アイヌ民族の統一を果たす英雄的な指導者を生むための陣痛の死闘だつた。」

とか、

「アイヌ蜂起の鎮圧は、幕府の手により行われたとする誤つた説がある。蝦夷地の位置は松前藩にゆだねるこの幕府の従来からの原則は、寛文九年時にも少しもゆるがなかったのだ。」

といふ所論は導き出せない。松前八右衛門泰広の旗本問題の推論も無理がある。

(11)『水戸史学』第十八号所収「徳川光圀と快風丸の蝦夷地探検について」。従来の論考を整理し、動機、目的、成果、影響について比較検討した労作。

(12)前出『譯註大日本史』に拠つた。

(13) 瀬谷義彦氏が『茨城県史研究』66所収「義経余情(一)―伝説の地を追う」と『茨城県史研究』67所収「義経余情(二)―義経伝説と『大日本史』」で追求してをられる。

(14) 後年、豊田天功は「北島志序」に以降の成果をふまへ、

一、源廷尉、高館に死せず、身を脱して蝦夷に至る。其の事も亦疑を容れず。然れども夷人の傳ふる所、嵯琉に域を築、棚兒に鵬を逐ひ、及び國を家臣に讓り、大漢の野に抵るの類に過ぎず。蓋し廷尉、夷地を巡歴し、終に竟に志を得ず。筑紫八郎の南島を併呑し、其子孫琉球國王となるの比の若きにあらず。是を以て其事跡、隠晦、明かならざる事多し。故に今は唯だ其信ずべきを傳へ、其疑ふべきを闕く。

と記してゐる。

(15) 木村謙次については拙著『天下の英豪木村謙次』(水戸の人物シリーズ3)を参照されたい。

(16) 前掲拙著と『水戸史学』第十二号所収「木村謙次の蝦夷地探検―特に寛政五年の探検を中心に―」で詳しく論じた。

(17) 国立公文書館内閣文庫本、茨城県立図書館本、北海道大学付属図書館北方資料室本がある。なほ、昭和五十八年山崎栄作氏が三種の写本を比較検討され、『北行日録』を刊行されてゐる。

(18) 国立公文書館内閣文庫本に拠つた。

(19) 東茨城茨城郡内原町木村家所蔵本(以下木村家本と略す)、茨城県立歴史館所蔵本(以下、歴史館本と略す)がある。

(20) 歴史館本に拠つた。また謙次には文化五年作の『海防再議』・文化六年作の『夷狄防禦論』がある。

(21) 歴史館本と木村家本があるが、木村家本は歴史館本(長島尉信筆写本)の写である。詳しくは、『茨

城県立歴史館』報第二〇号所収拙論「史料紹介　長島尉信筆写本　木村謙次『蝦夷日記』」を参照されたい。なほ、山崎栄作氏は、昭和六十一年『木村謙次集』を出版され、木村家本を底本として、「蝦夷日記」を翻刻されてゐる。

(22) 歴史館本に拠つた。

(23) この時の探検日記『北遊記』（静嘉堂文庫所蔵本、内閣文庫所蔵本）によれば、

一、四月二十九日八ッ時、シャナ御会所ノ向フニ夷船帆影見エタリ。公義天文地理役人間宮林蔵高所ニ上リ一見シテ云ヤウ、処度ノ夷船ハ常ノ如クナラズ、軍船ニ相違ナシ、必大筒ヲ以テ打取ヘシト云フ、戸田関谷カ云ク、是方ヨリ手出スルコト無用ナリ、交易願ノ舟ナルモ知レズ、必麁忽スベカラズト屹トマウス。其内ニ夷船近ヨリ、大筒仕カケタル真向フナ六町七反ニ来ル。大筒役大村甚五兵衛、打ベキノヨシヲ云フ。戸田関谷キカズ、決シテ打ベカラズト留メタリ

（以下略）

と見える。

(24) 間宮林蔵と水戸藩の関係については、本書第一編第四章を参照されたい。

なほ、小宮山綏介『徳川太平記』に、

水戸の人なりと云は、晩年水戸より月俸を賜はりしゆゑなり。

と見える。

(25)(26) 間宮林蔵述、村上貞助編『東韃地方紀行』茨城県立歴史館所蔵。なほ、洞富雄・谷澤尚一編『東韃地方紀行』（平凡社刊東洋文庫）参照。

(27)(28)(29) いづれも本書第一編第四章で述べた。

(30) 日本史籍協会編『野史台維新史料叢書』三十四「北島志編纂始末」」所収。
(31) 『水戸藩史料』別記巻六所収。
(32) 第五回郷土歴史講演会講演録「水戸と蝦夷」所収。
(33) 『水戸藩史料』(別記上)。
(34)(35)(36)(37) 同右。
(38) 彰考館に二部(黄表紙朱筆なしと白紙朱筆あり)、茨城県立歴史館に一部所蔵されてゐる。
(39) 前掲講演録　仲田昭一氏「水戸と蝦夷」所収。
(40) 茨城県立歴史館所蔵「北方未来考」の巻末に付載されてゐる。また、彰考館には、烈公自筆本が二部(朱筆あり・朱筆なし)所蔵されてゐる。
(41)(42)(43)(44) 吉田武三氏『定本松浦武四郎』『評傳松浦武四郎』参照。なほ、水戸藩と松浦武四郎の関係については、本書第一編第五章参照。先行論文として、荒川久寿男氏の『藝林』第二十八巻第三号所収「松浦武四郎研究覚書」がある。
(45) 秋山高志氏は『西垣教授退官記念論文集』所収「徳川斉昭の欧米地理歴史知識」の中で、アメリカに関する知識は「最先端にあった」、イギリスに対する知識は「かなりのもの」、蝦夷地・ロシアについての知識は、嘉永七年~安政三年の時点で「先端を行っていた」と考証されてゐる。
(46)(47)(48)(49)(50) 『茨城県史料』幕末編Ⅰ所収「新伊勢物語」。
(51) 長崎の防備については原剛氏『幕末海防史の研究』(名著出版)に詳しい。
(52) 日本史籍協会編『野史台維新史料叢書』三十に収められてゐる。
(53) 『水戸藩史料』上編巻四所収。なほ、川路聖謨『長崎日記』で、川路の返歌は、「はてしらぬ君のめぐみよえぞしらぬ、千島のかずはよみつくすとも」となつてゐる。

(54)(55)　日本史籍協会編『野史台維新史料叢書』三十四『北島志編纂始末』(以下「北島志編纂始末」と略す) 所収「十二月九日烈公親書」。なほ、茨城県立図書館にも「立林宮太郎旧蔵書」中に北島志編纂始末関係書翰(写)が所蔵されてゐる。

(56) 和田春樹氏は『開国―日露国境交渉』(ＮＨＫブックス)の中で、「彰考館館長豊田天功」と言はれてゐるが、孝は考であり、館長といふ役職は当時なく総裁である。しかも、天功は、当時彰考館総裁にはなつてゐない。

(57)『北島志編纂始末』所収「七月十四日烈公親書」。

(58)『水戸市史』中巻㈢所収「水戸藩の洋学と排耶思想」でも目的に触れてゐるが、北島志編纂経過及び意義については言及されてゐない。

(59) 久野勝弥氏『他藩士の見た水戸』(錦正社発売) 所収吉田松陰「東北遊日記」。

(60) 茨城県立歴史館所蔵、なほ、豊田天功先生顕彰会が昭和十四年発行した活字本もある。

(61) 無窮会図書館所蔵「松岡先生文集」所収、名越時正会長の御好意により写真版を見ることができた。また茨城県立歴史館所蔵「詩文集録」中にも載せられてゐる。

(62)『松岡先生年譜』。

(63) 岩波書店刊『日本思想大系』53「水戸学」所収(原本は現在失はれたとされてゐる。)

(64)『松岡先生年譜』。

(65) 天功は、弘化三年「明夷録」同四年「鶏鳴録」を、嘉永五年「籲天録」を作り、烈公雪寃を訴へた。

(66)『松岡先生年譜』木村謙次の塾は「酔古書院」と言ひ、何人か門人がゐた。信卿もその一人。

（67）藤田幽谷については藤田幽谷先生生誕二百年記念会編『藤田幽谷の研究』に詳しい。幽谷は文化五年「戊辰元旦詩」を詠み北方の情勢を憂ひてゐる。

（68）（69）（70）（71）（72）読み下しは『水戸学大系』四―立原翠軒・豊田天功集―所収「禦虜対」に拠つた。

（73）茨城県立歴史館所蔵（草稿本）、同書は彰考館にも所蔵されてゐる。

（74）宮内庁書陵部所蔵　なほ、平凡社刊東洋文庫『長崎日記・下田日記』―川路聖謨著　藤井貞文・川田貞夫校注がある。

（75）同右　東洋文庫校注本を参考にまとめた。

（76）和田春樹氏が前掲書で、第二条の「エトロフ以北の千島及びカラフトは、南辺末終の処をのぞき、みな魯西亜国に属す。」を「第二条は、日本のエトロフ領有をはっきり認めている」と註釈されてゐるのはだうしたことであらうか。日本側は、露西亜の択捉領有を認めてゐないから、断固返却することを一決したのである。長崎を去るプチヤーチンが老中宛に渡した国書により露西亜の交渉態度は明白である。

なほ、木村汎氏の『日本国境交渉史』（中公新書）によると、文化年間既に、日露両国間に択捉以南を日本領と認める意図が存在し、その線での合意がまとまりかけてゐた事実を指摘し、さらに「ニコライ一世のプーチヤーチン提督宛訓令」に、「クリル諸島の内、ロシアに属する最南端はウルップ島であり、同島をロシア領における終点と述べて構わない。これにより（今日既に事実上そうであるように）我が方は、同島の両端が日本との国境となり、日本側は択捉島の北端が国境となる。」と紹介されてゐる。

（77）同右校注本。

(78) 日本史籍協会編『野史台維新史料叢書』三十所収。
(79) 『北島志編纂始末』所収「七月十七日呈書」。
(80) 同右「七月二十四日親書」。
(81) 同右「閏七月親書」。
(82) 同右「閏七月二十三日呈書」お茶の水図書館に原本がある。
(83) 同右「呈書月日闕」。
(84) 同右「九月十四日親書」。
(85) 同右「九月十四日藤田彪書」。
(86)(87) 同右「九月十八日呈書並親批」。
(88) ゴンチヤローフ『日本渡航記』(高野明・島田陽訳、新異国叢書11) によれば、「提督は、十一月の末に突如として、大胆な第一歩を踏み出す決意を固めた。日本の中心部へ直航して、そのもっとも敏感な神経にふれようというのだ。つまり日本全国の主であり、天の御子であるミカドの住む京都に近い大坂 Oosaki の町へ行くことにしたのである。かつてヨーロッパでは、ミカドのことを、不当にも「霊の皇帝」と呼んでいた。大坂ならば根拠のない場所ではないと提督は考えた。日本人たちは、この閉ざされた聖域に、不意に異国人が現われたことに恐れおののき、早々にこちらの提案条件に応じるであろうと予測したのである。」とあり、大坂湾侵入の目的はこれによつて明白であり、ロシア外交のしたたかさを思はせる。(傍線筆者)
(89) 茨城県立図書館・茨城県郷土文化研究会編集・発行『水戸義公(小城・鍋島侯あて)・烈公(土浦・土屋侯あて)書翰集』の「土浦家旧蔵烈公書翰について」。(後に神道史研究叢書九『水戸學の研究』

に「水戸齊昭の先憂—土屋家旧蔵齊昭書翰について」として所収）で名越時正氏があますところなく論じてをられる。

(90) 『北島志編纂始末』所収「九月二十九日藤田彪書」。

(91) 同右「十月九日親書」。

(92) 川路寛堂編述『川路聖謨之生涯』所収。

(93) 同右。

(94) 成田修一解説『蝦夷紀行』（沙羅書房刊）に拠る。

(95) 前掲東洋文庫校注本を参考に作成。

(96) 東京帝国大学編『大日本古文書幕末外国関係文書』付録之一所収古賀謹一郎「西使続記」に見える。

(97) 宮内庁書陵部所蔵、前掲東洋文庫校注本。

(98) 前後の事情からして、嘉永六年十月二十九日（長崎出立前日）の烈公と川路自詠の和歌と思はれる。

(99) プチャーチンの比較的友好的な態度とは裏腹に、ロシア政府は、長崎での第一次交渉前に、既に皇帝よりサハリン占領命令が出、樺太の久春古丹にムラヴィヨフ哨所を構へ軍隊を駐屯させてゐた。（和田氏前掲書）プチャーチンもそれを承知で交渉に臨んでゐる。改めて木村謙次のロシア認識を想起しないわけにはゆかない。

(100) 仲田昭一氏前掲講演録「水戸と蝦夷」に詳しい。

(101) 『北島志編纂始末』所収「十月十九日藤田彪書」。

(102) 彰考館所蔵の「北嶋志」は、潜龍閣蔵書印があり、表紙裏に、烈公朱書で、
　此書全く稿本故闕字等書法清書之時あらたむべし

とあり、正しく草稿本である。

(103) 同右「三月十九日藤田彪書」。

(104) 同右「十一月二十四日親書」。

(105)(106)(107) 同右「九月四日親書」。

(108) 同右「十一月二十九日呈書」。

(109) 『北島志編纂始末』所収「解題」。

(110)(111) 朝日新聞社編『茨城の科学史』所収「豊田天功と『北島志』―攘夷と海防論に終始」。ちなみに『国史大辞典』には載ってゐない。わづかに「豊田天功」の項で、ペリー来航後は『防海新策』『北島志』などを著作、欧米列強の脅威を説いた、と見えるのみである。

(112) 和田春樹氏も『北島志』に関しては、内容紹介と、「阿部から渡っていたものと見える」とされるだけで、編纂経過、意義に深く言及する所はない。それにしても、和田氏の記述が、烈公と川路を対立的に取扱ひ、プチヤーチンの友好的態度を強調する余り、ロシア政府の動向には寛大で、日本のおかれた状況、日本の立場を深く洞察せず日本側に冷ややかな記述の印象を受けるのはなぜであらうか。

(113) 前掲『日本思想大系』53―水戸学所収。

(114) 「北島志」には、

元禄元年春、我が義公、崎山某を遣はし、快風船に駕して、蝦夷之石狩に至る。是より先、義公命じて大船を南部の地に作る。南部津軽の二侯役を助け、前後十歳を経て始めて成る。是に至りて那珂港より船を発し、六月石狩川に至る。夷人我が船到るを喜び、争ひ来りて之を観る。男女殆ど千餘人なり。皆謂ふ、従前未だ嘗て斯の如きの大船此地に至る者を見ず（傍線筆者）

と見える。

第四章　間宮林蔵と水戸藩

はじめに

日本の北方探検史に想ひをはせれば、先づ直ちに近藤重蔵、間宮林蔵、最上徳内、村上島之允といつた名だたる探検家の名前が思ひ浮かぶが、これらの探検家の多くは、老中松平定信の国家経略、国政改革の気運の中で、陸続として登場し、重用され、国家の運命を担つて縦横無尽の活躍をした人達である。

そして、彼ら北方探検家の事跡は、先学の真摯な研究によつて、或いは伝記となり、論文となり、或いは全集となり、展示となつて、今日までかなり明らかにされてきてゐる。しかし、従来の伝記や研究は、それぞれの探検家の生涯や探検を個別に描くものが多く、探検家相互の関連に於いて北方探検史を概説したものはないやうである。そこで、本稿では先づ、さうした点に留意し、若干の概説を試みた。

また、間宮林蔵に関して言へば、既に、洞富雄氏、赤羽榮一氏、荒井庸夫氏の『間宮林蔵』、大谷恒彦氏の『間宮林蔵の再発見』といつた優れた伝記研究や、伝記学会に於ける先学の秀れた論考、森銑三氏の史料紹介等があるので、今さら新説を唱へるものではないが、それでもなほ、未だ不明な点や議論の余地のある点が少なくない。

そこで本稿は、従来ほとんど論証されることの無かつた水戸藩と間宮林蔵との関係を中心に新史料を加味し、人物相互の関連を考慮しつつ、林蔵の後半生の一斑を明らかにしていきたいと思ふ。

一　ロシアの南下と江戸幕府の対応

本論に入る前に当時の北方領土を幕府の対応を中心に概観しておかう。

明和八年（一七七一）、ハンベンゴロー（べニョウスキー）が、ロシアの陰謀、南下を日本に警告してより、仙台藩医工藤平助は天明元〜三年（一七八一〜一七八三）にかけて『赤蝦夷風説考』三巻を著し、同じく仙台の林子平も天明五年、『三国通覧図説』を著す等、夙に北辺の急を訴へた。

時に勘定奉行松本伊豆守はこれを老中田沼意次に取り次ぐと、幕府は同五年、普請役山口鉄五郎、佐藤玄六郎、皆川沖右衛門、菴原弥六、青島俊蔵の五人に命を下し、千島・樺太の見分に当たらしめた。この一行中の青島俊蔵の知人に本多利明がをり、利明はこの機会に俊蔵の従者となつて自ら蝦夷地に渡らうとしたが、出発間際に病気にかかつてしまつたため、止むなく代理として、門人最上徳内が派遣されることになつたのである。

徳内は以後、間宮林蔵・松田伝十郎のカラフト探検頃までの二十余年間、合はせて九回の北方探検を行ひ、幕府の蝦夷地対策、経営に従事することになる。

また、徳内の師、本多利明は、蝦夷地に強い関心を寄せてゐた水戸藩の儒学者立原翠軒と親交を結び、翠軒は利明を通じて蝦夷地の情報を集めてゐた。(1)

天明六年、最上徳内は単身クナシリ、エトロフ、ウルップまで渡島し、ウルップ島には未だロシア人が一人も居ないことを確認して帰府した。

ところが、この年江戸に政変が起こり（見分を命じた第十代将軍家治の薨去、老中田沼意次の失脚）、蝦夷地見分事業は一転して停廃となつた。

賄賂政治の悪名高かつた田沼意次にかはつて、奥州白河藩主より抜擢されて老中となつたのは松平定信であつた。定信が老中になると次々と改革を断行し、国内には忽然と改革の気運が漲つたが、定信はまた蝦夷地経営にも力を入れたのである。その治政中、寛政元年（一七八九）、飛騨屋支配人佐兵衛等のアイヌ人への非道に対する憤怒から、クナシリ、蝦夷本島のアイヌ人が蜂起し、和人七～八十人が殺害される事件が起こつた（クナシリ騒動）。

定信は報に接するや、直ちに真相解明に乗り出し、蝦夷地に幕府吏人を派遣することとした。この任には青島俊蔵が指名され、俊蔵は野辺地（青森県）で待つてゐた最上徳内と合流し、共に蝦夷地に渡つた。

結局この真因は、二人の探索で、飛騨屋支配人等の非道が、純情なアイヌ人等を激怒させたためと判明した。ところが、二人の帰府後、俊蔵の提出した報告書が派遣目的を逸脱するものだとして、二人は入牢を申し付けられ、翌二年俊蔵は牢死してしまふ。

一方、徳内は無罪の判決をうけ、同年十二月、再び蝦夷地御用を仰せ付けられて渡海することになつた。今度の目的は、アイヌ人への救済交易の状況調査が主であつた。つまり、ロシアに対する配慮やアイヌ人への撫育策がどの程度改善されてゐるか、といふ実情視察であつたが、徳内はクナシリ、エトロフ、ウルップ島と巡り、いい感触を得て帰府した。

寛政四年に至り、徳内は西蝦夷地交易御用及びカラフト見分を命ぜられた。このカラフト見分は、幕府役人としては徳内が初めてである。徳内は、松前、石狩、宗谷を経て、宗谷からカラフトのシラヌシに渡り、ツンナイよりクシュンナイまで進んだ。カラフトにおいて徳内は、山丹人の抜荷とロシア人の徘徊を把握するとともに、現地土人からの聴き込みで、カラフトは島なることを察知したのである。また、松前と山丹、満州との間に交通があつたことも突き止め、十月松前に帰着した。

折しも九月、ロシア使節アダム＝ラクスマンが伊勢の漂民光太夫（幸太夫）等を根室に送還し通商を請ふて来てゐたので、徳内はそのまま松前に留まつて情報探索に従事し、翌五年正月二十四日江戸に帰つた。

老中松平定信は、ラクスマンとの交渉のために目付役石川忠房、同村上義礼を遣はし、六月二十一日露使ラクスマンを松前藩浜屋敷に引見し、二回目の会談で光太夫等を引き取つた。これは、最初の正式な日露交渉といふべきものであつたが、三回目の会談で応接使からはラクスマンに対して、もし日本と通商を希望するならば長崎に赴くべき旨を告げ、その時の証として長崎入港のための信牌を交付した。かうしてラクスマンは使命空しくして、七月帰国の途についた。

一方、水戸藩では、ラクスマン来航の報に接するや、上下騒擾したが、藩独自に蝦夷地探偵を行はしめた。即ち立原翠軒門人の木村謙次と勝倉村庄屋武石民蔵の派遣である。二人は師翠軒から『探偵大意七条』を示され、正月十八日水戸を出立した。二人は三月二日松前着、三月九日までの八日間探索を行つた。必ずしも十分な探偵ではなかつたが、謙次は民蔵と共に報告書『北行日録』を著し、蝦夷地の状況、ロシア人の体質・本質・兵勢等について、詳細かつ的確な報告を行つたのである。ロシアについて触れた次の一節(2)は、まことに特筆に値する見識であらう。

窃ニ彼レカ諸国ヲ併呑スル術ヲ見ルニ、寛ナルトキハ権場互市辺要ノ地ニ盤拠シテ其巣窟トシ、或ハコレヲ懐タルニ滋恵ヲ施シ、或ハコレニ畏シムルニ威武ヲ示シ、貧者ニ啗シムルニ厚利ヲ以シ、愚者ヲ誘フニ妖教ヲ以ス、凡天下ノ民廉智ハ少ク貧愚ハ多シ、其害勝テ言フベケンヤ、急ナルトキ兵興攻殺シ、其勢猛烈ニシテ当ルベカラス

さて、光太夫はまもなく江戸に送還され、将軍、老中の前で、ロシア滞在中のことを厳しく尋問されたことである。聴き取つた内容は桂川甫周が『北槎聞略』としてまとめ、最初の本格的なロシア研

究書として貴重なものとなつてゐる。

木村謙次も寛政五年九月から十一月にかけて江戸に赴き、光太夫の尋問に付き、塙保己一、太田錦城、屋代弘賢等々、数多の人からロシア情報を得て、『江戸日録』(3)として書き残してゐる。当時の江戸の学者達の行動、ロシア理解の程度が垣間見られる好史料となつてゐる。

ラクスマン帰国後も、蝦夷地はなほ予断を許さない状況にあつた。寛政七年にはロシア人ケレトプス以下大挙上陸したり、同年八月、大原左金吾なる者が水戸に来て、隠居松前道広を異国内通者と説き廻つたりした。(4)また、八年九年とロシア船・イギリス船が蝦夷地の港内、近辺に出没し、相変はらず緊迫してゐたのである。

寛政九年、長崎奉行下役近藤重蔵は、目下の急務なる蝦夷地の取り締まりについての意見を一書にし、それに蝦夷地開発計画及びその地図を添へて若年寄堀田摂津守に提出した。すると、それが認められて、翌十年三月重蔵は松前御用取扱として蝦夷地に赴任することとなつたのである。幕府は目付渡辺久蔵、使番大河内善兵衛、勘定吟味役三橋藤右衛門三使以下一行百八十余名の大巡察隊を編成し、任に向かはしめた。重蔵は、大河内善兵衛の配下に属してはゐたが、重蔵等は独立した形でクナシリ、エトロフの探検に向かふことになる。

重蔵は命をうけると、早速知り合いの立原翠軒に手紙を出し、従者の依頼をしたところ、翠軒は直ちにかつて蝦夷地渡海の経験のある木村謙次を推薦した。謙次は江戸勤の小宮山楓軒の薦めで下野源

助と変名し、重蔵の従者として探検に参加することになつたのである。(5)

時に最上徳内は、御材木御用の職にあり、駿州焼津浜にあつたが、徳内にも蝦夷地巡察命令が下り、本隊より二十五日遅れの出立であつた。徳内が一行に追ひ付いたのは結局、クナシリ島北端アトイヤである。一行中にはまた、後に間宮林蔵が師と仰いだ村上島之允がゐたことも注目すべきである。

一行は、寛政十年七月二十八日、遂にエトロフ島の南端ベルタルへに着岸し（但し、島之允は病気のため渡海しなかつた）、近くのリコツフの丘に『大日本恵登呂府』の標柱を建て、この島が日本領であることを内外に宣言したのである。この標柱の文字は、下野源助、つまり木村謙次が揮毫したも

寛政十年戊午七月
大日本恵登呂府　近藤重蔵　最上徳内

従者下野源助
善助、金平、孝助、唐助、第助、勘助
武助、藤助、勇助、阿部助、只助、太郎助

第１図　下野源助（木村謙次）が書いた標柱

のである。（今日日本が、旧ソ連に対して、クナシリ、エトロフの両島が本来は日本領であることを主張してゐるのは、これを以て根拠としてゐるのである。）

この行の目的は、そもそもロシアの南下がきはめて急であり、蝦夷地は危険な状態であるから、一松前氏に任せるべきでなく、幕府の直轄地とすることであつた。重蔵は翌十一年三月、再び蝦夷地に渡つて、以後文化五年（一八〇八）書物奉行となるまでの約十年間、徳内、島之允等と共に、主として蝦夷地開拓に従事し、ロシアの南侵に備へた。然して、十二年、東蝦夷地は幕府直轄地となり、同じ年、重蔵と高田屋嘉兵衛によりエトロフ航路も開かれたのである（日本商船エトロフ到着の最初）。

享和元年（一八〇一）正月、目付羽太正養等、蝦夷地を巡視、六月三十日、幕吏富山元十郎、深山宇平太等がウルップ島に渡り、ヲカイワタラ丘に『天長地久大日本属島』の標柱を建てた。

しかし、文化元年（一八〇四）九月に至ると、ロシアの第二次使節レザノフが、先にラクスマンに与へた信牌を携へて長崎に来航、通商交易を請ふて来た。しかし、これに対する幕府の対応は遅れ、翌年三月七日になつてやつと遠山景晋が応接し長崎撤退を告諭して去らしめた。レザノフもまた、その目的を果さぬまま帰途につき、その途中悶死を遂げた。実は、長崎における通商を拒絶されたレザノフは、日本の北辺を侵し威嚇しようとして、部下のフォストフ及びダヴィドフに、秘かにその実行を命じてゐたのである。

かかる経緯があつて、ロシア人は盛んに樺太、千島間に出没しては狼藉を働いたのであるが、遂に文化三年、レザノフの部下フォストフ一隊が、カラフトのアニワ湾クシュンコタンを襲ひ（9／12）、越年中の番人を捕へ、倉庫等から食糧等を奪ひ、家屋を焼き払つて去つて行くといふ事件が起こつた（この報は翌年四月やつと宗谷に達した）。さらにフォストフ一隊は、翌四年四月、エトロフ島のナイボ（4／23～4／25）、シャナ（4／29）を相ついで襲ひ、勤番の盛岡、弘前藩兵を撃退、食糧武器を奪ひ、会所・倉庫等を焼き払つた。これら一連の事件は、幕府が西蝦夷地も公取し、松前、蝦夷地全域を幕府の直轄地とした（4／22）直後だけに朝野を愕然とさせたのである。このシャナ会所に居合はせ、勇敢にも必死の防戦に努めたのが間宮林蔵であつた。

この報は直ちに江戸にも達し、幕府からは六月、若年寄堀田正敦、大目付中川忠英、目付遠山景晋以下、蝦夷地巡視に赴くのである。これより先、南部、津軽、秋田、庄内各藩より蝦夷地に増出兵し、その配備兵は三千余名に達した（文化五年には四千人に増）。然してカラフトに配備されたのは会津藩兵七百人である。

この時、すでにカラフト奥地巡検を命ぜられてゐた最上徳内は五月二十一日江戸出立、六月二十四日には斜里詰となつてゐた。これらの事件で徳内のカラフト探検は見送られ、徳内は翌年現地土人撫育のためカラフト詰を命ぜられる。近藤重蔵も、六月十六日には江戸を発ち、蝦夷地を西海岸沿いに巡見、利尻島迄至り情況を視察したが、十二月八日には江戸に帰つた。

カラフトに詰めてゐた徳内から、間宮林蔵、松田伝十郎はカラフト探検出発時、忠告をうけたことがあるが、その徳内も文化六年七月には、ロシアの侵冦なしと判断し、江戸に帰り第一線を退いた。以後、蝦夷地探検、探索、測量等は、間宮林蔵の独壇場になつていく観があるのである。

林蔵のカラフト探検以前の北辺の状況は、概略以上の如き状態であつた。

二　林蔵と水戸藩の接点

水戸藩は、第二代藩主光圀の時、快風丸で蝦夷地探検を行ふなど(6)、蝦夷地には重大な関心を払つてゐたが、光圀（義公）亡き後、探検は暫く途絶へてゐた。しかし、明和・安永頃から、特に寛政年間になつてにはかに蝦夷地への関心が高まり、前述の如く、寛政五年の蝦夷地探偵が実施されるのである。さらに寛政十年には水戸藩から木村謙次が従者として選ばれ、近藤重蔵、最上徳内、村上島之允等と共に、エトロフ島に渡り標柱を建てて来たことも前に記した通りである。水戸藩に於ける蝦夷地探検の第一人者であつた謙次も、寛政、享和、文化年間と、北方ロシア侵冦にますます尊王攘夷思想を強め、後事を藤田幽谷、会沢正志斎、岡崎正忠といつた同憂の士に託しつつ、文化八年七月六日、六十年の生涯を終はつた。

謙次は、水戸藩の人としては初めてクナシリ、エトロフ島に渡つた人物であり、謙次の探偵・探検の経験と著述は、後の人々にも大きな影響を及ぼしたのである。

文化三、四年のフォストフ一隊の狼籍は、幕府はもとより水戸藩有識者の北辺の憂を益々募らせるものであつた。殊に、謙次の後輩でもあつた藤田幽谷は、文化五年正月に「戊辰元旦の詩」を詠み、封事を呈する等、藩の蝦夷地経略にも大きな影響を与へた代表的人物である。

ところで、水戸藩が間宮林蔵を知つたのは何時のことであらうか、エトロフのシャナ会所にて、ロシア人の乱暴に、林蔵が必死の防戦をしたことは既に述べた。

謙次引退以後、水戸藩で蝦夷地探偵を命ぜられたのは、文化四年の秋葉友衛門、奥谷新五郎の二人であつた。立原翠軒に二人を推薦した郡奉行小宮山楓軒は、その著『楓軒叢記巻六』(7)に、「秋葉友衛門奥谷新五郎松前へ行申付候ケ条」として、

一、諸大名海陸固メ人数配リノ様子
一、兵粮武器手当ノ様子
一、駅々ノ取扱
一、軍役ニ付百姓難儀ノ筋
一、公儀御役人ノ噂
等々二十九ケ条の申付があつて、その中に、
一、松前・箱館ノ説
一、松前城引渡しノ様子
一、松前家臣ノ落付

一、エトロブ（ママ）島乱妨ノ様子

と、幕府蝦夷地直轄の問題、フォストフ一隊の件も、この探偵の重要な目的の一つだったことが判る。

友衛門が記した『北遊記』[8]によれば、文化四年七月二十七日水戸出立、九月朔松前に着いた。そして九月十日の記事に次の如くある。

一、ナイホウノ騒ニ付シヤナ御会所シヘトロニテ用心アリ是時菊池惣内ハ箱館ニ行キテ留守也固メノ人ニ

調役　戸田又太夫

調下役　関谷茂八郎（中略）

一、四月廿九日八ッ時シヤナ御会所ノ向フニ夷船帆影見エタリ公義天文地理役人間宮林蔵高所ニ上リ一見シテ云ヤウ此度ノ夷船ハ常ノ如クナラズ軍船ニ相違ナシ必大筒ヲ以テ打取ベシト云フ戸田関谷カ云ク是方ヨリ手出スルコト無用ナリ交易願ノ舟ナルモ知レズ必麁忽スベカラズト屹トマウス其内ニ夷船近ヨリ大筒仕カケタル真向フ十六町七反ニ来ル大筒役大村甚五兵衛打ベキノヨシヲ云フ戸田関谷キカズ決シテ打ベカラズト留メタリ是大筒ハ一貫七百目朝鮮渡品六十人持ニテハ五三人ニテハ動スコトモナラズ三十六丁ヲ打ベシト云フ外ニ五百目モアリ大村云フ我等ハ大筒役ナリ今打ベキノ度ヲノガシテ我ニ役ハモハヤ用ニ立ズト恚ミテ其場ヲ引シト也コノトキ打ナバ未塵ニナルベキニ惜ムベシ（以下略）

友衛門、新五郎の二人は、勿論エトロフ島には渡つてゐない。従つて、林蔵の勇敢な防戦の様子を実際に見たわけではない。九月十日は箱館に居り、エトロフのシャナで起こつた四月二十九日の事件を記してゐるのである。しかし、おそらくこれを以て水戸藩が林蔵を知つた初めての時としてよいであらう。

林蔵は二十歳の時（寛政十一年）、蝦夷地探検から帰つた村上島之允が再び当地に赴くのに同行して蝦夷地に初めて渡つた（島之允と林蔵の初めての出会ひは、寛政の初め頃、島之允が地理調査のため関東諸国を巡廻してゐた時とされてゐる）。林蔵は翌年、蝦夷地測量にあたつてゐた伊能忠敬と箱館で出会ひ、師弟の約を結んだ（林蔵は後に、忠敬に本格的な測量術を学び、忠敬がやり残した西、北、奥蝦夷地の地図を完成させた）。しかし、享和二年病気のために一旦辞職、翌年回復し復職した。文化二年からはシツナイに勤務、三年エトロフ島に渡つて勤務に励んでゐた所、フォストフ一隊の乱暴に遭遇したのである。

寛政十年の蝦夷地探検に、木村謙次と同行した島之允に伴はれて蝦夷地に渡つた林蔵のことであるから、島之允から水戸藩のことや木村謙次について話を聴いたであらうことは容易に察せられるが、島之允から水戸藩士人に対して林蔵を紹介する書も伝聞も存在はしてゐない。とすれば、水戸藩との接点は（寛政十一年までさかのぼれなくもないが）、やはり文化四年の友衛門等の探偵が最初としてよいであらう。

文化四年以前の林蔵は身分も低い（普請役雇）うへに、蝦夷地における実績もまだまだ少なかつた。従つて水戸藩の意識する所ともなり得なかつたと思はれる。だからこそ、友衛門等が箱館において初めて知つたシャナでの林蔵の勇敢なる防戦は、友衛門の注目する所となつたし、事件の一部始終の詳細な報告を受けた翠軒や楓軒の注目する所となつたに相違ない。

三　林蔵のカラフト探検

ところで、このフォストフ一件に関して、調役戸田又太夫は逃げる途中責任をとつて自殺、下役関谷茂八郎と林蔵は箱館奉行所の取り調べを受けたが、林蔵には何のお咎めも無く、林蔵はいつたん江戸に帰つた。しかし、すぐに蝦夷地勤務を命ぜられ松前に向かつたのである。

当時カラフトは、林子平が『三国通覧図説』で「東韃靼ノ地続き」と書いて以来、本多利明、松平定信もその説を踏襲し、近藤重蔵でさへ『辺要分界図考』でカラフト地続き説を採つてゐる。最上徳内は、カラフト初回渡航において、現地土人の話をもとに『蝦夷草紙』にはカラフトは島であるとの認識が記されてゐるが、もとより確証はなく、このやうな空気の中で徳内の認識も揺らいでゐたのである。

実は、林子平の地図は、安永・天明頃日本に伝へられたダンヴィル図の影響を多分に受けたもので、ダンヴィル図は日本ばかりではなく、ヨーロッパ諸国におけるカラフト観にかへつて混乱をきたしたものであつた。世界地図において、両極を除き唯一未知なる土地だつたカラフト辺の探検において、フランス人ラペルーズも（天明七年）、イギリス人ブロートンも（寛政九年）、ロシア人クルーゼンシユテルンも（文化二、三年）、ついぞ海峡の存在を確認し得なかつた。

このやうな訳で、カラフトが半島なのか、島なのか、或はカラフトとサハリンは別地か、同一島か、世界が明確に認識できるのに、間宮林蔵のカラフト探検を俟つの他は無かつたのである。

カラフト探検は当初、最上徳内が行くことになつてゐたが、フォストフ一隊の事件が起こつたがために、幕府の方針として、ベテランの徳内はアイヌ人撫育に当たり、探検は身分の低い者に当たらせることになつた。この大任には、蝦夷地図完成に意欲を燃やしてゐた幕府天文方高橋景保の推薦を得たとされる間宮林蔵と松田伝十郎が、当人の申し出もあつて、箱館奉行から命ぜられ担当することになつたのである。

この探検の目的は、サンタンとの境目を明確にするにある。伝十郎は西海岸を行き、林蔵は東海岸を見分することになつた。

四月十三日宗谷出船。林蔵は五月二十一日、シレトコ岬のシャックコタンまで到達したが、これ以上北進は無理と判断し、マーヌイより陸地を越へ、西岸クシュンナイに出て再び北進、六月二十日ノテトに到着した。

西海岸を真つ直ぐ北進してゐた伝十郎は、これより早く六月九日ノテトに着き、六月二十日にはラッカに達してゐた。伝十郎はそこでカラフトの離島なることをほぼ確かめて同日ノテトに戻り、そこでちやうど林蔵と出会つたのである。ここで林蔵は伝十郎に、もう一度ラッカまで同行してくれるやう強く要請し、二十二日、二人でラッカに向かつた。そこで林蔵もほぼカラフトの島なることを確かめ、二人は宗谷に帰り、松前奉行に報告したのである。日本人前人未踏の地へ足を踏み入れた両人の苦難は察して余りあるが、敢へて割愛する。

ともかく、所期の目的は十分に果たし得ず、再度の探検を期することになつたが、宗谷にて伝十郎は松前に帰るやう命ぜられた。一方、林蔵は自ら再見分を申し出、二度目のカラフト見分を申し渡されたのである。今度は単独行である。

七月十三日宗谷を船出、シラヌシからトッショカウに到り、一旦引き返してトンナイに越年。明けて文化六年一月二十九日トンナイ出発、五月十二日ナニオーに到達したのだが、林蔵口述、村上貞助編纂の『東韃地方紀行』[9]には、

> ノテトより此処に至るの間、島と東韃地の相対せる迫処にして、潮水悉く南に流れ、其間潮路ありといへども波濤激沸の愁も少く、小軟の夷船といへども進退さまで難き事なし。此処よりして北地は北海漸々にひらけ、潮水悉く北に注ぎ、怒濤大に激起すれば船をやる事かなはず。[10]

林蔵はここ（ナニオー）において、カラフトが完全に離島であることを確信したのである。

林蔵は更に、東岸に出て前回出来なかつた島の周廻を極めようとしたが、従夷に一人も従ふ者が無

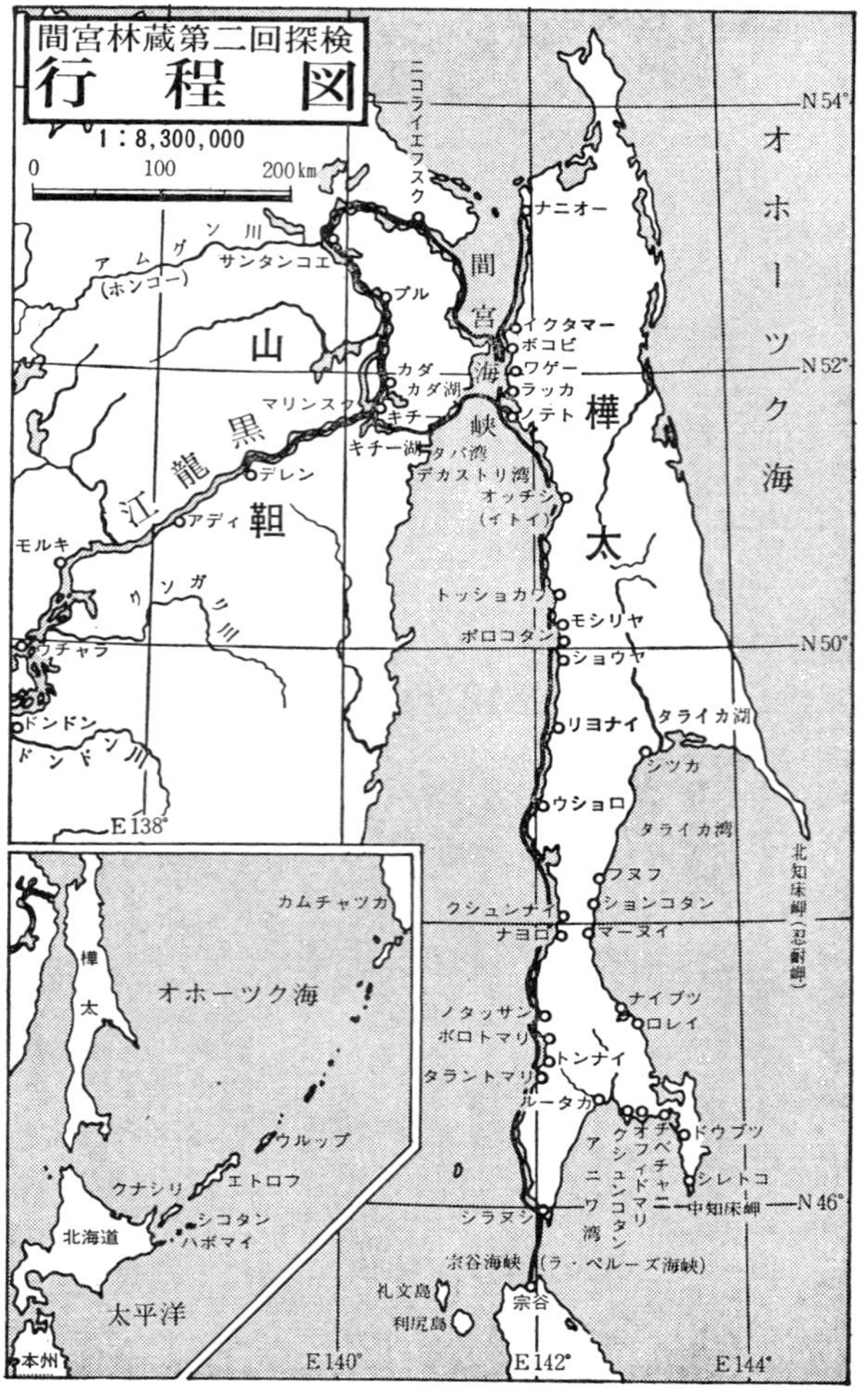

第２図　（大谷恒彦『間宮林蔵の再発見』より）

く、止むを得ずノテトに帰つた。しかし、

此島は本より離島にして接境の夷壌なく、仮令東岸に至り得るも魯斉亜の境界分明なるべき事ならず[11]

と判断して、それならば東韃靼を極めんとして、

国禁の恐[12]

あるに拘らず東韃靼に渡ることに決したのである。

幸ひにして林歳は、酋長コーニ等がデレンに行く機会に乗じて東韃靼に渡ることを得、七月十一日満州仮府のあるデレンに到着、仮府の役人にも会つた。デレンに留まること七日間、七月十七日、黒龍江を下り、カラフトが島なることを再確認し、ノテト、宗谷を経て十一月二十七日松前に帰着して、一年四ケ月に及ぶ探検は終はつたのである。

林蔵のこの行によつて、海峡の存在が確認されたことは申すに及ばず、少なくともカラフトにはロシアの支配が及んでゐないことが判明したことも重要なことであつた。加へて、東韃靼あたりのロシアと清の国境さへ判然とせず、どこの国が支配してゐる部族が住んでゐるかによつて、国境があるといふ様な状態であつたこともわかつた。

この探検、見分の模様は、翌七年、村上島之允の養子村上貞助の協力を得て著した報告書『北夷分界余話』『東韃地方紀行』に詳しく描かれてゐる。前二著は翌八年一月江戸帰着後、三月に幕府に献

上された。

同八年四月、林蔵は松前奉行支配調役を命ぜられ、この年十二月晦日再び蝦夷地へ赴くのであるが、これに先立ち、林蔵はかつて師弟の約を結んだ伊能忠敬を訪ね（5／19）、以後、六、九、十月と度々忠敬を訪ねて本格的に測量法を学んだのである。十一月二十五日、忠敬は自ら九州測量に向かふ時、見送りに来た林蔵に対し『贈間宮倫宗序』を作り、

古人言ふあり、曰く、世に非常の人ありて後、非常の功あり。蓋し、非常の功は成り難くして、非常の人最も得難し。その非常の人を得るに及べば、すなはち非常の功就るべきに庶幾からん。

（以下略）

と、北地に赴く林蔵に最大の讃辞を贈つたのである。

小宮山楓軒は『珠塵十一』(13)の十一月二十五日の所に「贈間宮林蔵赴夷地序」の全文を載せてゐるが、どのやうな経緯で、楓軒が記録できたかは不明であるが、おそらく忠敬の友人であり、翠軒の友人でもあつた久保木幡龍を通じてであらう。

さて、林蔵は、文化九年～十四年までは蝦夷地勤務であり、その間の水戸藩との通信、交渉記録はない。ただこの頃の林蔵の思想を端的に物語るものとして、ゴロヴニン事件の際の対応がある。ゴロヴニン著す所の『日本幽囚記』(14)には、

この男はわれわれの目の前で日本の兵術を自慢して、われわれを威嚇した最初の日本人であつた

ことを特記して置かねばならぬ。

と見え、文化四年のシャナ会所での対応といひ、ゴロヴニンに対する態度といひ、相当な攘夷思想の持主であつたと言ひ得よう。

文化十四年、蝦夷地勤務を終へて江戸に帰つて間もなくのことであらうか、小宮山楓軒『懐宝日札九』[15]、五月の条に、

友部云間宮林蔵ト云モノ唐フト島ヲツクシ満州ニ至リシニ土地ツヽキナラント云

と見え、友部正介の伝聞か、林蔵が正介に語つた直話か速断はできないが、林蔵が「土地ツヽキ」と云つたとは考へにくい。おそらく誤つた伝聞であらう。ともかく正介は楓軒に伝へたのである。

文化十五年、立原翠軒の『友部正介宛書簡』[16]に、

林蔵之紀行を中山ゟ上候由御うつし出来候ハヽ重而拝見を可レ願候彼北地之事ハ一向ニ沙汰も無レ之候

とあり、文中「林蔵之紀行」とは『東韃地方紀行』のことか、またそれを編纂した際の原本であつた林蔵の自筆探検日誌十余巻のことか不明であるが、翠軒は正介にその写本を手に入れるやう依頼したものである。なほ「中山」とは家老中山備前守のことと思はれるが、その写本が翠軒の元に届いたかだうか実証できるものは残されてゐない。

文化十五年は、四月二十二日に改元し、文政元年である。

小宮山楓軒『懐宝日札十一』[17]の八月の項に、

間宮林蔵韃地ニ至リ清ノ官人ニ面ス官人ノ曰汝吾民トナルマジキヤサラバ北京マデ同道シテ縦観セシメント云ハヾ林蔵曰公等イマダ某ガ為レ人ヲモ知ラズシテ如レ此ノ言アル疑フベシ清人曰子ハ漢字ヲ知ル人ナリサラバ聖人ノ道ヲ知ランココヲ以テ疑ハズト林蔵親シク蟠龍ニ話スト云フ其紀行ヲ幕府ニ上リシトキ諸有司ノ議ニテ故障アルベキコトハ多ク削ラセタリト云フ

これは下総国津宮の人久保木蟠龍からの情報であらう。この年四月十三日、林蔵の師伊能忠敬はこの世を去つた。

翌文政二年（一八一九）、林蔵は忠敬のやり残した蝦夷地内部の測量のため当地に向かつた。同四年十二月まで測量等に従事したが、幕府が全蝦夷地を松前藩に返還したため、林蔵もほぼ役目を終へて帰府したのである。

翌五年六年と林蔵は江戸に在り、七月には普請役に昇進した。

四　大津浜事件と林蔵

先づ、文化七年以降文政七年の大津浜事件までの異国船関係の出来事を掲げてみよう。

文化七年　イギリス、フェートン号事件

八年　ロシア人ゴロヴニン、クナシリで拿捕（翌年ロシア人、クナシリで高田屋嘉兵衛を拿

捕、翌十年両者交換）
十三年　イギリス船、琉球に至り、貿易要求
文政元年　アメリカ捕鯨船団、赤道越え北太平洋へ
　イギリス人ゴルドン、浦賀入港し貿易要求
三年　アメリカ、イギリス捕鯨船団、日本近海の捕鯨漁場発見
五年　イギリス捕鯨団、浦賀入港し薪水要求
六年　那珂湊沖異国船現れ、人心動揺す
七年　那珂湊・平磯沖へ異国船

文化・文政にかけて、日本近海にはロシアの他に、イギリス・アメリカの異国船も頻々と現れ、英・米の触手が駸々と日本に迫つてゐたのである。『水戸紀年』(18)にも常陸国の近海に異国船現はるの記事が数多く見え、特に文政六年の那珂湊沖へ異国船現はるとの報は、水戸藩士人の人心をひどく動揺させた。水戸藩では早速防禦の人数を出し、警固に当たらしめると共に、青山延于、杉山復堂らも筆談役として派遣された。

この事件は幸ひ事無きを得たが、翌七年、五月二十八日の大津浜事件は、水戸藩はもとより幕府をも揺るがす大事件であつた。つまり異国の捕鯨船二艘が大津浜（北茨城市）に来て、武器をもつた異国人が十二人、無断で上陸したといふのである。この報せは水戸藩、幕府に急報され、水戸からは、

御先手物頭矢野九郎衛門、目付近藤義太夫、筆談役として会沢正志斎、飛田逸民等が派遣された。幕府からも代官古山善吉、通辞吉雄忠次郎等が来て対応したが、水戸藩士人から、どこから来たかもわからぬまま帰したとして厳しく批判される対応であつた。水戸藩では筆談役会沢正志斎が、言語の通じない異国人相手に、筆談手まねで対応し、異国人とはロシア人でなくイギリス人であり、彼らは食糧と水が欲しくて上陸したといふが、イギリス人に東洋進出、日本進出の野望があることを鋭く察知したのである。なほこの時の様子は正志斎の『諳夷問答』に詳しいが、後に正志斎は『新論』を著し、幕末の尊王攘夷運動に多大な影響を及ぼした。

また、藤田幽谷の子東湖は、父の命で死を決してイギリス人を切らうとしてゐたが、幕府役人が既に釈放してしまつたため叶はなかつた[19]。

ところで、松浦静山著『甲子夜話』等の記事から間宮林蔵が大津浜に来てゐたのではないかとの説もある[20]が、小宮山楓軒『防海録四』[21]の七月十二日の条を見ると、

　公儀の間宮林蔵抔又志のびニ御遣候よし大津上陸の節ハ林蔵其外二十人斗志のびの者御遣候よし

　又会津其外近国諸侯ゟも忍びの者来るよし

とあり、林蔵も忍びとして来てゐたことが判明する。

次いで八月二十四日「立原甚太郎よりの来書」（甚太郎は翠軒の子、号は杏所）には、

一、間宮林蔵遠山左衛門支配ニ被二仰付一候左衛門ハ先人（注立原翠軒）北地ノ事ニ関候事モ承知之由異国之掛取究浦々吟味出候此間間宮モ下田ゟ

浦賀安房迄参り帰宅ニ御座候御地（注水戸）迄も追々参可レ申候当年之事ニハ廻リ合不申ト申候其節ハ老兄（注小宮山楓軒）へ罷下御尋可レ申候間御達可レ被レ下候　遠山此節大キニ心被レ用由ニ御座候　此度申出別紙之通リニ御座候　長崎より和蘭人申出有レ之候ハ当時エケレス都ニ而日本船造作御座候由　間宮時々水戸役人衆余り無レ心故申出も不二行届一嘆居申候　公儀ゟ間宮へ御尋之書付内々為レ見申候　当時間宮一人御撰ニ御座候て贔屓候様ニハ御座候へ共私一人之外ハ右之筋心得候人一向無レ之由申候　異国船渡来公儀へ申出左之通リ

遠州沖、日向沖、大隅沖、種子島へ六艘水戸へ参候ハ別船越波沖数艘是モ別船由一大船アリ薩州沖、仙台領陸へ上所打破野草類ヲトル相馬沖、当時仙台気仙沖ニ掛

この書によれば、林蔵は大津浜事件以後の八月、安房上総御備場掛手附を命ぜられ、海岸の巡視が任務であり、来年には、水戸迄来り楓軒に会ふ事になつてゐたらしい。林蔵は大津浜事件前後から、水戸藩との関係、特に立原翠軒、杏所、小宮山楓軒等との交流も相当親密なものとなつてゐたやうである。

既に文政年間には、蝦夷地探検、見分、測量に活躍した近藤重蔵、最上徳内、村上島之允、伊能忠敬等は、或は引退、或は死去してをり、林蔵の「私一人之外ハ右之筋心得候人一向無レ之」との自負心は尤もと思はれる。

『続徳川実紀第二篇』に大津浜事件の記載はないが、幕府の異国船に対する政策の見直しを迫つた

事件でもあつたらう。そしてそのことには、小宮山楓軒と間宮林蔵が大きく関はつてゐたと推察される。それは楓軒の『楓軒先生秘録一』(22)の十月四日の所に、

間宮林蔵より咄御座候は遠山殿方ニ而ハ水戸より申出等無レ之間先方催促も遠慮仕候由申出有レ之候得ハ先ニ付取扱方宜由ニ御座候若有司承知ニ御座候ハヽ私心得ニ仕申出候下書左之通リ為レ認申候御下ケ札御改正可レ被レ下候私申置候下書相示可レ申奉レ存候遠山了簡ハ夏海より常陸原銚子口迄北ハ神岡より大津迄水戸へ御預地ニ仕候而烽火台を為レ建防禦ニ仕度内々考居候由水戸ニ而承知ニ御座候ハヽ出来可レ申との事ニ御座候不毛之地如何可レ有レ之哉と奉レ存候内々遠山へ指図ハ容易之事ニ御座候間御心付御書付可レ被二仰下一候以上　十月四日

と見えるからである。さらに文中の「下書」とは「左之書付林蔵認申候御覧後御返可レ被レ下候」とあつて、林蔵が認めた「下書」が記載されてゐる。林蔵を知る上で、また「異国船打払令」を知る上で重要と思はれるので煩を厭はず全文を掲げる。

夷国船渡来ニ付取締方申上候書付

一、私領知江去々巳年之頃より夷国船渡来致候所当年抔ハ別而数艘ニ而渡来鯨漁致罷在候所此方鰹釣船方共々及二親懇一ニ相懐ケ然上交易等其外品物抔も貰請候或時は金高之品物へ米穀等積入候諸廻船抔へは麁暴之致方等も有レ往返之差支ニ相成候風聞も有レ之殊ニ当五月中私領知之内大津と中村江彼類船共大船四艘ニ而乗込日数三日之間石火矢等頻ニ打放し橋船等も着岸致し上陸之者凡

拾弐人程も有レ之候得共其事実も聢と不二相分一殊ニ前書之通渡来之義も最早四ケ年程之間引続候間此方様子も案内ニも相成候哉難レ計別而当年抔ハ数艘ニ而地方近迄乗込海岸通一円ニ彼是と乗廻候儀等及二数度一地方の様子等も相窺候体ニ相見〈付札〉（申候上陸之者共言語文字共ニ不二相分一候得共エゲレスと申義ハ慥ニ相知申候エゲレス国ハ古より長崎渡来御製（ママ）禁之国ニ御座候所江戸表御近国へ罷越年々打続数月滞船仕漁猟其外我儘之致方不届千万ニ御座候所寛宥之御沙汰ヲ以御代官古山善吉等御指出古来より之御制法被二仰渡一御帰ニ罷成候所此上右之被二仰渡一相背又々罷越申候ハヽ猶更不届至極ニ候間海岸近寄候ハヽ鉄砲ニ而打払致上陸候ハヽ皆討留候様可レ被二申付一と存候夷船之様子も見覚居申候間他国船と間違申候様之儀も有レ之間敷候仍而此段申候）以来引続渡来も有レ之候ハヽ差当海岸産業之差支等ニも可二相成一哉一体彼国之習俗ニ而造化之理ヲ相窮不仁貪欲之働等ヲ専致万国を徘徊致し夷狄共ニ候間如何様成不法之働も致候程も難レ計候間私領知海岸通取締之仕方等別紙書相添先一通奉レ伺候以上

　申九月

本文ニ相認候義共名目等大概之様子書箇條左之通別紙ニ相認申上候

已上

一、渡来大概之様

船員数大概之様子、鯨漁大概之様子、親懇大概之様子、交易大概之様子、麄暴大概之様子、大筒相放候大概之様子、橋船着岸大概之様子、上陸大概之様子、地方ヲ窺候大概之様子、相続渡来可致候大概之様子、産業妨之大概之様子、習俗大概之様子、貪欲大概之様子

結局、林蔵が認めたこの書付は遠山を介して老中水野忠成に届けられたものと思はれる。

また同書に「鵜殿平七より来書、十二月十一日来」[23]として、

此節　上公夷船之事ニ付御人払ニて私共ヲ召され御意有之其内当度之如渡来候ハヽ、海防是迄之通ニ扱可申候得共近頃宝島奪候風聞有之左様之事ニ而ハ指置難く候故屯兵ニ申付へくと存候との御事依てハ先宝島之事承可申との御事ニ而三日ニ甚太郎を林蔵方へ遣命を伝申候林蔵も又四日ニ手前方へ参委細内談致候処弥奪候哉ハ相知レ不申候へ共海路を絶シ候由無相違旦琉球ノ海路も絶候由又薩州ノ五艘不相見是ハ定而奪タルニ而可有之候と申候又西海辺ニテ仙台ノ舟焼打ニ致され候由又宝島傍ニ有之小島ハ岩島ニ罷成候由宝島ハカコ島より百里程有之周四十里人家二百軒計と申事ナリ此段可申上候又尊慮之故屯兵之事と夷船漁人近寄親懇交易を御タチキりノ思召ヲ林蔵へ申聞候所甚以悦服イタシ海防ノコトハ此二條ニカキり申候と大ニ安心致帰り申し候親懇ノコト海岸一般行申候由林蔵申候事ニ御座候併令ヲ奉下々へ行候処ハ又不案内成有司方如何御座候哉先々右之思召ニ御座候夷人情緒ノコト委細入高聞申度林蔵申聞候其次第も申上候其節　上公ヲ御感動ノ為心に夷人情緒ノコトハ有司方ニハ不案内成者も有之話も出来不申候得共　上公ニハ御承知故夷人ノ来候コトハ猿ノ集候如とノ御意ナりと林蔵申候得ハ此御タトへ妙

ニ御座候誠ニ猿ノ木ノ実ヲ取ニ集候如ク御座候已ニ屯兵と彼親懇ヲサヘ御タチキり被レ成候得ハ其外ニ次第無レ之候ト林蔵申候間御直ニ入二御聞一申候弥此一條ニ御決被レ遊候御事ニ御座候シカシ林蔵海上ノ患ハ休不レ申此義も御賢慮被レ下度なと申事ニ御座候次第ニヨり遠山左衛門へも逢候事ニ可二罷成一候得ハ此一件ニ付御心付御座候ハヽ心得居申度ニ付可レ被二仰下一候皆々御一同ニ御火中可レ被レ下候

これら二つの史料から判断すると、林蔵は全国の海岸を巡視し、宝島、西海辺の情報を水戸に提供してゐたことが判る。また、その対策としての「親懇かうえき断つ事」「屯兵之事」を杏所より聞かされ、ひどく悦服した様子が察せられるのである。

宝島の一件とは、文政七年七月八日に起きたもので、大津浜に来たイギリスの捕鯨船の一艘が、宝島（鹿児島県）に行つて、乗組員が上陸、方々を徘徊した上、牛を射殺、番所へ鉄砲を放つなど乱暴を働いたもので、幕府にとつては、大津浜事件よりはもつと衝撃的であつたらしく『続徳川実記第二篇』には、

（七月）九日、この日松平薩摩守が領地薩摩国宝島に異国人漂来りて、上陸狼籍ありしによて、うち払ひうち留めぬるよし、のち閏八月十一日に告奏らる。

もつとも林蔵の情報ではこの大事件を長崎奉行は取り上げなかつたらしく、

林蔵書付持参是又入二高覧一申候□ニ御座候此節蘭人アンゲリアノ事ニ付様々之風説申出候処長崎

奉行更ニ取上不ㇾ申候林蔵歎息ニ御座候(24)

と見える。

翌八年二月十八日幕府は「異国船打払令」を出すが、同じく『実紀』には、

この日異国船渡来の時宜うち払の事厳しく令せられるむねあり。」国々の廻船漁船の海上にて異船にしたしむもとより、制禁。いま浦々にあらためて異国船打払の事令せらる。よて船かた漁民らいよいよかたく守りて。異船に出会せざるやう心懸くべし。浦々へ建札をして達せらる。（傍線筆者）

「来書」と『実紀』の内容は誠に符節を合はせた如くである。思ふに、この水戸案が、林蔵を介して幕閣に建言され、それが十分に活かされて、文政八年二月十八日の「異国船打払令」になつたと見ることができる。次の平七より楓軒宛書簡の資料は更にそれを裏付けるものである。即ち、

一、林蔵此間参申候内願も有ㇾ之書付等草稿の為ㇾ認上ケ申候公儀に而は却而水戸之了簡を借居様子ニ御座候(25)

この「異国船打払令」成立については井野辺茂雄氏の優れた論考(26)があるが、打払令は天文方高橋景保の建議が用ひられたとして、寺社奉行太田資始等は「打払の説」、勘定奉行遠山景晋は「一種の攘夷論」、町奉行筒井政憲は「打払の説、水戸学派の攘夷論と共通せるもの」と紹介してゐる。そして、「打払令」を布いた理由を、次のやうに述べる。

其原因が、英船の行動の刺激に基づくことは、打払令の文中に明言せるところである。従つて発令の主眼が、英国に対しての政策であり、他の諸国をも併せて打払はうとするのは、勢に乗じての沙汰なること、これまた打払令の文意により、且はその有司への諮問、有司の答申、高橋景保の建議によるも、殆ど疑ふべからざる事実である。蓋し幕府は、かくして異国船＝主として英船との接触を遮断するにあつた。

かうして見てくると「異国船打払令」は確かに大津浜事件、宝島事件が直接の契機となつたに相違なく、また井野辺氏が考証されたやうに高橋景保の建議が用いられた。とはいへ、実地に海岸の状況、それらの事件を探索した林蔵の意見と立原杏所が「親懇交易の御タチキリ」と「屯兵之事」の具体策を林蔵に伝へたことが「異国船打払令」成立の大きな背景になつてゐると考へて間違ひなささうである。

加へて文政七年十二月二十四日、鵜殿平七の「楓軒宛書簡(27)」には、

当夏古山善吉等取扱之義ハ林蔵方ニ而も不得意ニ御座候仍而金等ハ公儀よりハ御指出無レ之善と不善と御一手切ニて御取締之方可レ然と申候何方之船と申事も聞届不レ申返し候て扱不レ宜と申事ニ御座候出張も辻堅同様見せ懸計之由御尤ニ奉レ存候…（中略）屯田親懇之二ケ条林蔵甚敬服仕候段申上候（後略）

と見え、大津浜事件に於ける古山善吉等の対応は誠に不評であつた。水戸の攘夷論に近い林蔵の意に

も叶はなかつた。だからこそ林蔵は水戸の示した具体策に「甚敬服」したのであらう。

文政八年も林蔵は引き続き海岸の内偵をしてゐた模様である。小宮山楓軒『防海録五』(28)「間宮林蔵ゟ鵜殿平七へ之状、五月十三日」に、

異国船之儀所々風聞も御座候得共先御届無レ之候得共渡来之義相違無レ之既ニ州岸江相寄漁船ゟ魚抔ヲも取入候趣御届も御座候　相分次第可二申上一候　先々取留候風聞も無レ之候

と見えてゐるからである。

ところで、赤羽榮一氏の『間宮林蔵』も、洞富雄氏の『間宮林蔵』も、林蔵の隠密活動を文政七年八月林蔵が安房上総御備場掛手付を命ぜられてより後のことと推測されてゐる。しかし、前に述べた如く、大津浜事件に林蔵は志のびとして来てゐた。楓軒の記録を信ずるとすれば、この時点で既に林蔵は隠密の仕事をしてゐたことになる。とすれば、林蔵の隠密活動は少なくとも文政七年五月二十八日までさかのぼらなければならない。

五　シーボルト事件と林蔵

文政九年三月、長崎出島のオランダ商館付医師シーボルト一行が江戸に着くと、江戸の蘭学者等の識者達はにはかに活気づいた。いろいろな人がシーボルトを訪問したが、中でも幕府天文方兼書物奉行高橋景保や最上徳内が最も接触の多かつた人物である。徳内は三度目の訪問で初めて会見してから

親交を結び、『日本北方地図』を黙秘の約束で貸与したり、シーボルトと共に『蝦夷語辞典』の編纂等にあたつたりした。ところが、景保は禁制の地図や物品をシーボルトに贈与してゐたため、シーボルト帰国の際、既に積荷をすませてゐたオランダ船が嵐で難破した時（文政十一年八月八、九日）に禁制品が見つかり、かねてから噂のあつた景保に嫌疑がかかり、景保は結局十月十日捕縛され、翌年二月獄中に死した。

このいはゆるシーボルト事件は、間宮林蔵がシーボルトから贈られた小包を勘定奉行に届けたのが発端とする説（洞氏）と、林蔵は正規の手続きをとつたのであり、原因は景保のスパイ行為にあるとする説（赤羽氏）があつて未だ説が定まらない。

『楓軒年録三十三』(29)の文政十一年の項には次の如き記事がある。

一、立原甚太郎ゟ友部正助へ来十月二十九日

高橋作左隔日評定所へ夜中計出申候日本地図分一国ツヽ図を渡候由大抵無レ之蝦夷地迄も遣候所間宮へ参候所サガリエン之図計無レ之ニ付高橋元来間宮へハ不和ニ付蘭人ゟ直ニ文通仕候様指図仕書翰進物遣候所間宮開封不レ仕勘定奉行村垣へ指出候より事之始と存候（以下略）

杏所記す所は、シーボルト事件の発端は、シーボルトから贈られて来た書翰、進物を、林蔵が開封せずそのまま勘定奉行に指出したことによる、といふことであつて、林蔵と杏所の親密な関係を考へる時、洞氏の説が妥当と思はれる。杏所も密告とは言つてゐない。ただ洞氏が「杏所はこの手紙で、

シーボルトは景保の指図にしたがって林蔵へ書翰をおくり林蔵作成のカラフト図を求めたと言っているが、これはまちがいのようである。」と言はれてゐるが、果たしてどうであらうか。

シーボルト『江戸参府紀行』には、

我等は林蔵と相知ることを得

と見え、林蔵とシーボルトが逢つた可能性や何度か書簡を送つた可能性のあることを示唆し、まして杏所も記す如く、「高橋元来間宮ニハ不和」であつてみれば、直接交渉の可能性すら考へ得る。

また、年次ははつきりしないが、十一月二十三日付、「林蔵より杏所宛書簡(30)」の一節に、

村垣殿漸本高五百石ニ而

明日ニも御役御免被申由

と見えるが、勘定奉行村垣の御役御免は一体何を意味するのであらうか。

それはともかく、シーボルト事件当時、伝聞による林蔵の記録・史料が多い中で、最も信頼できる筋の史料は、林蔵と最も親交のあつた立原杏所の記録をおいて他にない。よつて今は、杏所記す所のものを採つておきたい。

六　徳川斉昭（烈公）の蝦夷地経略と林蔵

文政十二年（一八二九）、水戸の第九代藩主には斉昭が就いた。斉昭は就藩するや『告志篇』と題

する藩政改革の基本理念を記した一書を家臣達に示し、それに基づいて数々の改革・政策を断行していった。

この頃（天保元～四年）の林蔵は、隠密として活動してゐたと思はれるが、『新編常陸国誌』[31]に、

西国一大藩ニ他邦人ヲ禁ジテ、封内ニ入ラシメザル者アリ、倫宗之ヲ探ラントテ、一策ヲ構ヘ、其隣国ノ者ナリトテ、彼城下ナル経師ノ弟子トナリテ、粗其国ノ虚実ヲ窺フコトヲ得タリ、居ルコト三年、タマタマ城内ニ紙障修理ノコトアリケレバ、彼経師ニ従テ入リ込ミ、因テ城内ヲ一覧シテ帰レリ、後ニ其藩侯在府ノ折ニ幕府ノ有志某ヲ其邸ニ招クコトアリシニ、談彼ノ藩内ノコトニ及ビ、城内ノ形状マデ詳ニ之ヲ語リケレバ、侯大ニ怪シミ、其故ヲ問ハレシニ某笑テ不審リ給フモ理リナリ、帰藩ノ折ニ城内某辺ナル紙障ヲ剝テ、其下ヲ見給ヘト云フニヨリ侯後ニ其言ノ如クシツルニ、下張ノ内ニ往々名刺一葉ヲ挿ミテ、大府探偵間宮某トアリシニ一藩皆ソノ妙ニ驚キシトナリ

とあるは、天保元年頃より三年頃までの三年間、西国一大藩鞆の津における探偵のことであらう。

さて、斉昭は歴代藩主の中でも蝦夷地経略に特に意を尽した藩主であり、天保五年には老中大久保忠真に対して「蝦夷拝領願」[32]を提出してゐる。その内容を要約すると、

(1)　もともと水戸は北国の押へであり、北海を領することは東北諸藩の横腹を衝くことでもある。

(2)　北地に赴任するに、自分は隠居してもよい。

(3)　水戸は代々四十歳前後で隠居して北海を固めると心得れば、後々の藩主もその心得で成長する。
(4)　北地往来のため大船を建造すること。
(5)　士分の二、三男を土着させる。
(6)　死罪者を一等減じ、遠島者を全員移して開拓に当てる。
(7)　彼らはヤソ教会に柱を建てたが、我らは日本宗にて開拓し、徐々に鹿島明神を建てて人気を固めよう。

といふものであつた。

斉昭は、かうした腹案を老中へ建白するほどであるから、蝦夷地の詳しい情報を把握しておく必要があり、その筋に詳しい者に思ひを至すのは当然の成り行きである。

そこで当時全国を見渡して最も蝦夷地に精通してゐる者は間宮林蔵をおいて他にはなかつた。とすれば必然的に林蔵が注目される。斉昭は腹心藤田東湖を介して林蔵を招き、話を聴かうとした。東湖の『不息斎日録』(33)には、

　間宮林蔵書簡御内々御下げ

とあり、林蔵より烈公宛に書簡があり、それが東湖に下げられたものであるが、残念ながら書簡は残つてゐない。ともかく少なくとも天保五年には、斉昭と林蔵の間で謁見は無かつたものの書簡での接

触はあつたとしてよい。

天保以降は藩主が変はり、斉昭の人事刷新により、いはゆる改革派との接触が多くなつていつた。文政期に交流のあつた人々でわづかに記録に残るのは、天保六年、林蔵が四国筋より帰り江戸にあつたとき友部正介と面談（『楓軒年録四十四』[34]六月四日付書簡）あるのみである。すなはち、

一、間宮林蔵北国筋ゟ乗船四国九州より南海を乗廻し帰国仕候西国辺窮迫甚しく候と申事ニ御座候まだ〳〵関八州之方よろしきと申候とかく西国筋は紙金通用にて第一衰弱仕其上近年打つゞき申候不作ニて一段弱り申候様に見え申候との事ニ御座候御代官いづ方もよろしからず大名の政事ニハ大ニおとり申候と歎息仕候林蔵も余程好奇の方ニて候へども豪邁の気象有」之噺のおもしろき男にて御座候

一、林蔵甲冑を多く集メ申候御府内一年中ニ甲冑の動き五百領より以上なるべし然れどもとかくいなかへ出候分多く都下の甲冑ハ年々に少く成候気味なるべしと申事ニ御座候

この頃の林蔵の活動、生活ぶりの一端が窺ひ知れる。『新編常陸国誌』の「間宮林蔵」の記述中に、

天保中石州浜田ノ廻船問屋八右衛門ト云モノ漁猟ニ事ヨセ、松原浦ノ沖ナル竹島ニ押渡り、外国人ト密商云々

とあるのは、天保七年六月のことであり、林蔵は「垢面弊衣シ、乞丐ノ姿トナリテ」これを探り、この不正なる密貿易を摘発する端緒を作つた。『新編常陸国誌』の補訂を行つた栗田寛は、同書でこの

探偵者としての業績を高く評価してゐる。

天保九年五月二十一日には藤田東湖は、

　召されて謁見、間宮林蔵を訪ふべきの命（「戊戌手記」(35)）

をうけた。

斉昭はこの頃最も北地開拓に意を用いてゐた。『水戸藩史料別記上』に拠れば、

　幕府の内情前記の如しと雖も北地開拓の精神は加ふるあるも減ずることなく即ち其地勢人情より気候物産の観察と渡航運輸に要する大船の製作には専ら力を致し是より先き五月には那珂湊の郷士大内利貞（清衛門）を遣はして其情況を視察せしめ（利貞は翌年五月帰藩せり）又六月には蘭船に擬して軍艦の模形を製し且つ郡宰吉成信貞に命じて船材を準備せしめ

と見え、清衛門には蝦夷地探偵を、東湖には林蔵訪問を命じてゐた。さらに、

同十二月北地探偵を以て有名なる間宮林蔵（幕吏）の帰府して病床にありと聞き藤田彪を遣して其の病を慰問し且つ虜情を問はしめたり

と、再び東湖に林蔵を訪問すべき命を下した。その時斉昭は東湖に次のやうな書を与へてゐる。

間宮事今以湿瘡平癒いたさず引籠居候由毎度山海精勤故と存候有用の人才に候間為二天下一早く全快いたさせ度候此薬ハ蠻（本ノママ）類の奇法にて如何なる湿毒にても用候へバ不レ残発し二回程の内にハ大方全快いたし候故内々虎之介より間宮へ贈候様可レ致候外に秘法の神仙丸是もいろ〳〵功験有レ之

遠国杯へ持参ニハ可㆑然と存候故同様取扱可㆑申也

十二月二十九日

書簡を携へて行く東湖に対して斉昭は又、

間宮出勤もいたし候ハヾ公辺御用向手すきの節庭へなり共招き年来の話承り度候兼々申聞候通りむかしの患ハ西海ニありて今の患ハ北方急務と存候処最早我等も来年ハ初老ニも至候へバ少しも早く志願を達し霜雪中ニ粉骨を尽し神祖以来の大恩を報い度日夜懸念いたし居候事故是非間宮全快後にハ逢候て北方の事情承度候へ共差支可㆑有㆑之哉序に可㆑承候也

斉昭は林蔵と会見し、その蝦夷地経略のため「北方の事情」を直接詳しく聴くことを鶴首してゐたのである。

果たしてこの東湖訪問はどうなつたか。久しく疑問に思つてゐた所、『森銑三著作集』[36]に東湖宛の林蔵書簡（宮崎文書）の紹介を見つけた。すなはち次の如くである。

藤田虎之助様、間宮林蔵。（捲止）

為奉謝呈一書候。其已来は無音仕、疎遠に罷成候処、愈御安静奉㆓拝寿㆒候。就は旧臘は格別之訳ヲ以、御良薬御恵被㆑下拝戴、早速被㆓仰聞㆒候通之仕方ヲ以相塗候処、余程相発し、暫之内難儀も致候処、何変も無㆑之、早速之間に平癒仕、先御蔭ヲ以全快と相見候。乍㆑去永々邪瘴を相感じ候儀に付、時には少々ヅツ小瘡は相発候迄に而、格別之悩は無㆑之、是に而先は本復と相見候。

其内罷出御厚礼可申上候。

先達而伊能勘解由測量地図御懇望之由被仰聞候処、承知奉畏候。早速同人親族方(?)も問合候処承知候様子に付、同人親之者水守章作と申方差上候間、御遇被下相談被下候様に仕候。其内小生儀も参上、委曲可申上候。

右之通得御意度、如此に御座候。已上。三月廿六日

今まで東湖は林蔵に会つたかどうか疑問とされてきたが、確かに両者は会つて、斉昭から送られた薬は東湖によつて林蔵の元へ届けられた。なほかつ林蔵は斉昭から送られた薬で病気がほぼ全快し、大変に感謝したのである。文中には「其内罷出厚礼可申上候」と見える。そして水戸家のために、伊能図入手の協力を惜しまない態度まで表明した。果して伊能図はどうなつたか、管見の及ぶ所わからない。

さらに又、この間の消息を窺ふに、『水戸藩史料別記上』は「彪より友人某に与へたる断簡」ををさめてゐる。

一、北門鎖鑰の事御膳立のみに候へ共近来公にも五大洲悉く邪教に変ぜられ候を憤り彼是御議論も被為在尚又間宮林蔵一昨年より処々微行三年ぶりにて去々月帰宅対話の処一昨年も鄂虜越後の漂流人を蝦夷地方（久奈智利）護送□の書を□書中不可知候へ共追々に鎌府よりだまし〳〵置候事故此度は何と歟返書不致候ては不相成候処右様の事へ懸念の人当路に一

人なく困り候との説話其説を究め度候へ共明し不レ申候一昨年大凶荒中松前より北方へ泄穀有レ之甚不二相済一儀也と申す事は水州極密公へも申上候事也夫故又々班超投筆の念御起し被レ遊候内此気候且又五三日前御城書を見候へば松前隆之介西城土木料に上金五千両と相見へ申候まづぬりまびり目出度相済候半（以下略）

これによつても東湖が、林蔵に会つて話を聴いたことは明白であつて、東湖は斉昭の命を全くし、林蔵の様子、会見の内容等を当然報告したであらう。ただ洞氏が、林蔵は「斉昭に面謁した」と言はれるのは、何か根拠のあることであらうか。

なほ、前記の如く天保九年、斉昭は蝦夷・松前の形勢を探らせるため、派遣する人物を密かに郡奉行吉成信貞に相談したところ、信貞は那珂湊の廻船問屋大内清衛門利貞を推薦したので、清衛門は斉昭の内命をうけて極秘の内に蝦夷地探偵を行つたのである。清衛門は六月二十日から七月二十日までの一ケ月間蝦夷地に在り、探偵を行つた。その成果は『蝦夷情実』[37]として残つてゐるが、十一月中には帰府したらしい。

かくして斉昭は、翌十年『北方未来考』といふ雄大な蝦夷地経略の著をまとめるが、その大要は、次の如くである。

(1)　吉成信貞・大内清衛門を派遣し間者の役割と経営にあてる。

(2)　石狩川流域に築城

(3) 南部・津軽より牛馬多く移し、農民は農兵に仕立て、海防警備は年番制とする。
(4) 城下より海岸まで烽火制とし、城下を守るため関所設置。
(5) 蝦夷人を馴らすこと、今までは蔑んで恵みをかけなかつた。日本語を使はせ、男は髭を剃り、女は髪を束ねるなど日本人に同化する。
(6) 育子館設置―城下十里内外の子を育てられないものを集める。足軽以下で子無き者はこの中からもらひ受け育てる。
(7) 国名は「蝦夷」を改め「日出国」とし郡分け村名も蝦夷名を改める。

林蔵の考へがわかる史料が残つてゐないため、林蔵の話がどれだけ取り入れられ、活かされたのか判然としないが、いづれにしても清衛門の報告とともに、大いに参考にされたと思はれる。

烈公が西野宣命に命を下し、再び林蔵を訪ねさせたのは天保十二年五月一日のことである(38)。すなはち、

政府之内命を以て小林同道ニ而諜者間宮林蔵へ相訪　蝦夷地之事問合来也　当時深川冬木町裏隠宅漸尋後帰也林蔵出生常州人筑山産　文化丁卯已来之事を聞也

とあるが、文中「蝦夷地之事問合来也」「文化丁卯已来之事」とは一体どんな問答を成したのであらうか。この点も疑問に思つてゐた所『水戸藤田家旧蔵書類第三』の中に西野宣明の「松延定雄宛書簡」が収められてあつた。九月卅日とあるだけで何年のものであるか、明記してゐないが、内容から

して天保十二年のものであらう。おそらく西野宣明が林蔵を訪ねて「問合来」たその内容に違ひない。

奉裁寸楮候残炎又々立返申候愈御健勝奉賀候過日魯西亜人之事荒増得貴意処漸昨日実説承申候間申上候得共間宮林蔵直話一体エトロフ辺へ漂民護送候処海岸防禦候様子窺窬直ニ引返カムサツカ辺へ繋船漂民ヲ陸上へ揚候而何れ返事ハ来年承可申との契約致候而出帆と申事ニ御座候格別深入も不致さつと開申候由ニ及承申候漂民とも過日御呼出ニ相成其説連枝家老松前内蔵用人蛎崎四郎左衛門郡宰両人壹人は失念薄田内蔵と申者都合四人幕府へ罷出当時御糾明有之候由全実説之鄂虜実ハ江戸へ直に出候心得之処是ハ松前之方ゟ指留申候由及承申候先間宮林蔵申処実説と右承申候其余府下異聞も有之候処更ニ区別信用難致候尚余は追々可申上候今日拂暁より暴風頽檣修覆之世話ニ取懸其内当直刻限ニ指懸申候間草々閣筆

九月卅日　　宣明再拝

定雄大人

尚々金谷へ御逢候時宜致声奉希

「漸く昨日実説承申候」とあるから、宣明が林蔵を訪つたのは命をうけてからほぼ五ケ月後の九月二十九日であつたと推察される。

実はこの書簡のすぐ前に戸田銀次郎宛の「徳川斉昭書付」があり、「蝦夷地之事問答」の内容が伺ひ知れるので全文掲げよう。

九月七日朝御下

書付之品　　戸田銀次郎へ

本文之内カムサツカ辺へ繁船漂民ヲ陸上ニ揚候て云々案ニ右ニてハ何レの地へ漂民を上ケ候か不二相分一候へ共全認方不レ宜ニて子モロ辺蝦夷地へ漂民ヲ上ケ来春来り候義を約束してカムサツカの辺へ往申候云々の誤なるべし

一鄂虜実ハ云々の義実否ハ勿論不二相分一候へ共多分此度送り来り候ニ付てハ交易の義申込候ほか又例の姑息なる答ニて一寸のかれ致候計故来四五月ハ必蝦夷騒き起り可レ申ハ無レ疑候処実ニ如二本文一直ニ江戸へ可レ来申候事ニ候ハヽ、一度北地へ来り其節の挨拶ニより申候てハ直ニ浦賀へ来り候も難レ計又浦賀ニてよくふせぎ候ハヽ、其余毒此辺へ来り候も難レ計候へハ過刻夫々へ達候義薄々よりもチト心を持セ達可レ然候本文一覧終候ハヽ、藤虎（㊟藤田東湖）吉又（㊟吉成又衛門）等へも為レ見追て虎（㊟藤田東湖）より返し可レ申候

鵜平（㊟鵜殿平七）結寅（㊟結城寅寿）等へハ本書を写し戸田ゟ出仕之節為レ見可レ申候依二極密一申聞候事又日是迄数度姑息の挨拶ニてだまされ申候へハ此度抔ハ手つよく押来候も難レ計事

つまり宣明と林蔵の問答は、ロシア人が何れの地へ漂民を護送し陸上に揚げたか、我国の海岸防禦の様子を窺ひカムサッカ辺へ引返したとの話は実話かどうかの確認であつた。蝦夷地の情報に詳しい林蔵に確かめ、全くその通りだといふことを宣明が定雄に伝へたものである。

この頃の林蔵は既に高齢、全国を行脚する余力もなかつたに違ひないが、蝦夷地の情報はしつかりと得てゐたものと思はれる。

斉昭は翌十三年にも原十左衛門らを松前に派遣し、蝦夷地の情報を得さしめてゐる。

西野宣明の林蔵訪問以降、水戸藩と林蔵との接触記録はない。林蔵はその三年後の天保十五年二月二十六日、江戸本所において六十五歳で永眠した。

林蔵の墓は今日、筑波郡伊奈町専称寺境内と東京都深川本立院墓地にあるが、本立院の方は林蔵が生前自ら碑を建てたと刻してある。然も、墓碑面に、

是レ実ニ水戸烈公ノ撰シテ贈ル所ナリ

とあり、水戸烈公と林蔵のただならぬ関係を思はざるを得ない。林蔵はカラフト探検以後は終生幕吏として然も大半は隠密として活躍したが、それは最も水戸藩の、特に烈公の北地経営策にとつて重要な情報の提供をしたものと見ることができる。だからこそ、烈公は林蔵が墓を建てるに当たつて、「間宮林蔵蕪崇之墓」と撰し、贈る所となつたのであらう。

▲間宮林蔵之墓（東京・深川本立院墓地）

七　豊田天功『北島志』と林蔵の探検

藤田幽谷の門人であり、東湖の友人であった豊田天功は、彰考館に入り、かねて懸案であった『大日本史』志類の編纂に尽力した人物である。数々ある著述の中でとりわけ『北島志』[37]は、今日の北海道史とも称すべき書である。「北島志序」[39]によれば、この著は初めに烈公の命で始められたことを述べ、古代、中世、近世の北方経略を略述し、最後に北方経略の粗忽にすべからざることを説いてゐる。

さらにその「凡例」において、本書編纂の理由として、

一此の書、鄂虜の事を載する、殊に詳しき者は、夷地と鄂虜と相接し、虜人眈眈相視、朶頤垂涎の念、未嘗て一日として少輟せざるなり、神州北方の憂、此より甚だしきはなし。君公、臣に命じ、此の書を作らしむる者、実に其の地理、人情を審かにし、以て折衝禦侮の用に供せんと欲す。故に鄂虜の蠶食放蕩の侵掠の事を以て最も詳を加ふ。本篇に録せざる所は、当に之を北虜志に載すべし

とある。つまり本書は北方の「地理・人情を審かにし以て折衝禦侮の用に供せん」としたものである。

そのために、

一此の書の紀事、必ず確拠あり。下に載する所の引用書目の如き、即ち是れなり。然れども必ず数説相合する者、方に始めて之を書し其の一説に止る者は皆舍て丶書せず。唯だ之を事理に徴

し、之を情勢に考へ、断然疑を容るるなき者、及び書籍の載せざる所にして、而も諸州の人士、夷地に至り、耳聞目撃する所、其説信ずべきは則ち之を書す。読者、引用書の無き所を以て疑ふなかれ。

と、必ず「確拠」ある書、必ず「数説相合」する書、「信ず」べき説のみを引用してゐることに注目したい。引用書目全て百四冊にのぼるが、その中に木村謙次の書では『蝦夷日記』と『海防再議』、間宮林蔵の書では『東韃紀行』と『間宮林蔵蝦夷地図』が引用されてゐる。『北蝦夷記』とあるは、『北蝦夷図説（北夷分界余話）』であらうか。

『北島志』は嘉永七年（一八五四）秋八月朔日に刊行された。林蔵没してより十年後である。「巻之二」に於いて、

是の歳、官、間宮倫宗を差はして、北蝦夷の地理を究めしむ。倫宗独行蝦夷より於盧胡《オロッコ》、主賁連《シュメレン》を経て、備に艱苦を嘗め、深く東韃の徳楞《デレン》府に入り、清国吏に見ひて歳を経て還る。北蝦夷の情状、始めて明白なるを得たり。

と記し、「巻之四」は全篇カラフトの記述であるが、

（前略）文化五年、官、間宮倫宗を差はして、深く其の地を究めしむ。倫宗遂に於盧胡、主賁連より、山丹を経て、東韃徳楞に至り、満州の吏人と見えて還る。今諸説を折衷し、之を篇に著す。最も多く倫宗の言を采る。（傍線筆者）（後略）

とあつて、天功は「巻之四」全篇にわたつて林蔵の書に依拠してカラフトの地理・人情を記述したのである。他はわづかに近藤重蔵の説が数行にわたつて記述されてゐるに過ぎない。

このことは、林蔵がカラフトから満州に渡って帰府した唯一の日本人であり、最も信憑性ある書が林蔵の書と判断した故であつて、『北島志』『北虜志』の編纂において、林蔵の書は重要な位地を占めたものと言はなければならない。

をはりに

以上考察し来つた所、些か史料紹介的な論考になつてしまつた感を免れず、内心忸泥たるものがあるが、間宮林蔵と水戸藩との関係は、意外にも深く強いものがあつた。とりわけ、大津浜事件における林蔵の活動は目立つてをり、この時期が水戸藩との関係できはめて密接な時期であつたと言ひ得よう。また、表立つた記録にはないが斉昭（烈公）が、江戸深川本立院の林蔵の墓表を撰したり、晩年林蔵に月俸まで与へたといふことは破格のことで、天保期の烈公と林蔵のきはめて強い信頼関係を示唆するものであらう。

さらに、林蔵と水戸藩との関係を考察し来るうちに、少しではあるが、林蔵の思想を垣間見ることができたやうに思ふ。

林蔵自身は、カラフト探検に関するもの以外は殆ど残さなかつたし、自分の思想を著書や書簡として残してゐない。したがつて私共は、彼の行動からその思想を探らねばならないのである。本文中でも指摘しておいた様にフオストフ一隊の事件、ゴロヴニン事件等における林蔵の対応から判断すれば、相当強烈な攘夷思想をもつてゐたことは事実である。ただ、藤田幽谷、木村謙次、会沢正志斎のやうに、欧米列強の野望を洞察した上での攘夷や防禦であつたのか否か、また、多くの水戸藩士人が持つてゐた尊王に基づく攘夷や防禦であつたのか否か、何ら史料は残されてゐないので明確な判断はできない。

いづれにしても、烈公が蝦夷地経略や海防策をたてる上で、林蔵の考へがどの程度反映されたのか等も含めて、まだまだ解明すべきことは多く、今後の課題としていきたい。

註

(1) 立原翠軒と本多利明との関係については、前田香径著『立原翠軒』に詳しい。
(2) 国立公文書館内閣文庫所蔵、写本。
木村謙次については拙著『天下の英豪木村謙次』を参照されたい。
(3) 常陸太田市小沢裕氏所蔵、自筆本。
(4) この時の記録『墨斎奇談』茨城県立歴史館所蔵・写本。
(5) 前掲拙著参照。
(6) 快風丸の蝦夷地探検については『水戸史学』第八号所収佐藤次男氏論文「徳川光圀と快風丸の蝦夷地

探検について」に詳しい。
（7）国立国会図書館所蔵（写真撮影版、茨城県立歴史館所蔵、以下同様）。
（8）静嘉堂文庫所蔵（写真撮影版、茨城県立歴史館所蔵）。
（9）茨城県立歴史館所蔵。
（10）（11）（12）洞富雄・谷澤尚一編注『東韃地方紀行他』（東洋文庫刊）に依った。
（13）国立国会図書館所蔵。
（14）岩波文庫本に依った。
（15）（17）国立国会図書館所蔵。
（16）岡澤稲里編『立原翠軒関係資料』所収、茨城県立歴史館所蔵。
（18）『茨城県史料＝近世政治編Ⅰ』所収。
（19）藤田幽谷の攘夷論については『藤田幽谷の研究』所収、但野正弘氏論文「藤田幽谷の攘夷思想」に詳しい。
（20）『北茨城史壇』創刊号、瀬谷義彦氏論文「大津浜異人上陸の歴史的意義」で紹介してゐる。
（21）国立国会図書館所蔵。
（22）（23）『茨城県史料＝幕末編Ⅰ』所収。
（24）（25）（27）国立国会図書館所蔵『楓軒先生秘録一』所収、『茨城県史料＝幕末編Ⅰ』には収録されてゐない。
（26）『史学雑誌』四十編十二号所収。
（28）（29）国立国会図書館所蔵。

（30）茨城県立[illegible]館所蔵　[illegible]文書。
（31）[illegible]宮林蔵の項　宮崎報恩会編復刻[illegible]に依った。
（32）『水戸藩史料別記上』所収。
（33）『水戸藤田家旧蔵書類　第一』所収。
（34）国立国会図書館所蔵。
（35）『水戸藤田家旧蔵書類　第一』所収。
（36）『森銑三著作集　第五巻』所収。
（37）『那珂湊市史料集・第三集』所収。
（38）国立国会図書館所蔵『松寓日記一』。
（39）『水戸学大系＝立原翠軒、豊田天功集』所収。

第五章　松浦武四郎と水戸藩

はじめに

従来の日本北方探検史研究上の問題点をあげてみると、第一に、北方探検家個々の伝記研究はそれなりになされてきたし、なされてゐるが、探検家相互の関係、特に、先人の業績をふまへた上での探検、また先人の遺志を継いでの探検、といふ観点での研究が十分でないことが指摘できよう。

第二には、日露交渉との関連で把へるといふ観点の欠如である。従来はともすると、個々の探検の実際の検証や研究のみに終始しがちであるが、最上徳内や近藤重蔵、木村謙次、間宮林蔵、松浦武四郎等の探検は、ロシア使節ラックスマン、レザノフ、プチヤーチンの来航と密接な関係があり、それらとの関連で考察しないと、探検の目的や意義、幕府の蝦夷地対策の意味が明確にならない憾みがある。

第三に、これが、従来の研究では最も等閑視されてきたものであるが、北方史における水戸藩の役割である。研究論文や論考に、所々に散見はするものの、きはめて断片的であり、扱ひも軽い。日本北方探検史の研究といふものが、どこか断片的で体系化されないのは、この辺に理由があるのではないだらうか。換言すれば、水戸藩北方探検史を知ることが、探検家相互の関係、幕府の蝦夷地対策、日露交渉史を考察解明する上で、重要なポイントであると言つても過言ではないのである。

松浦武四郎についても、その研究が、武四郎個人の研究にとどまり、日露交渉史の観点、水戸藩との関係の観点が稀薄であることは否めない。早くよりこれに着目し史料の収集に努めてこられたのは伊藤兼平氏であるが、論述するまでには至つてをられない。本格的に論述されたものは、わづかに故荒川久壽男氏のみであらう。荒川氏は、安政三・四・五年頃の武四郎の志士的活動に着目され、水戸藩との関係を論じてをられる。(1)

本稿は、荒川氏の論考をふまへながら、新史料を加味しつつ、武四郎と水戸藩の関係を考察し、以て、武四郎の探検の意義、業績を明らかにしようとするものである。

一　武四郎の略歴と北方探検

松浦武四郎(2)と言へば、間宮林蔵亡き後の、蝦夷地探検家、蝦夷通として、夙に知られる人物である。今日では、「北海道の名付け親」として定着してゐる観がある。研究者も多く、まとまつた伝記としては、戦前の横山健堂『松浦武四郎』、戦後の吉田武三『定本松浦武四郎上・下』・『評伝松浦武四郎』等があげられよう。史料集の出版も頗る多く、吉田武三氏、吉田常吉氏、松浦武四郎研究会等によつて、探検日誌を中心に活字化されてゐる。

武四郎は、文政元年（一八一八）二月六日、勢州一志郡雲出《くもづ》（現三重県一志郡三雲町）に、松浦家の第四子として生まれた。父桂介は、国学者本居宣長の門下生で敬神家であつたといふ。先祖は、肥前の松浦党一族（勤王党）であつたが、南北朝期以後、伊勢に移り住んで多気の城主北畠氏の臣となつた。また雲出川の南川源に多氣川の称があり、その故か、武四郎は多氣四郎と名乗つたり、後の出版物に好んで「多氣志楼蔵版」を使用してゐる。武四郎、諱は弘、字は子重。柳湖、北海道人、憂北生等と号した。

天保元年（一八三〇）十三歳の時に、津藩の平松楽斎に入門。同五年、十七歳の時から諸国遍歴の旅に出た。同九年には、長崎で出家し、文桂と名乗つてゐたが、同十四年、故郷に帰り、弘化元年二月十五日、蝦夷地の探検を期することとなつた。

「自伝」(3)には、十二日、母の三回忌、父の七回忌を済ませるや直ちに、

十五日両宮（伊勢神宮）へ参り再び家出せんと先外宮に参りけるや、法体の者は広前に遣らざる由にて御しら石といふ者いたく咎けるを附髪てふもの拵へて参る。此時ふと思ふには皇国の民にして今皇神の御前に額拝すること叶はざるぞうたてける。是れ我髪を卸せしが故なり。いざ今日限りと思ひ切て、今迄前に結びし帯を後えとまはし僧の念を絶。されば般若心経秘鍵に楞厳咒は一口たりとも朝夕に誦じ聊他人の帰俗等思ひ立しに異にして、是より蝦夷が島の隅々まで探り何の日か国の為たらんことをとまた氏神貴船大明神の社に詣で、（後略）（傍線筆者）

と記し、伊勢神宮において法体を解いて還俗したのは皇国の民としての自覚であり、蝦夷地探検を思ひ立つたのは、何時の日か国の為たらんと誓つたために他ならない。武四郎がなぜ国の為たらんとして蝦夷地探検を志したのかは、[4]十分に解明さるべき問題であるが、いづれにしても、明治初年まで関はることになるのであるから、蝦夷地に対する強い危機意識があつたことは相違あるまい。

さて、蝦夷地探検に志を立てた武四郎は、都合六回の探検を行つてゐる。便宜に、左に一覧表にした。

回	探検年	探検地	探検日誌
一	弘化二年（一八四五）	東蝦夷地	『初航蝦夷日誌』
二	弘化三年（一八四六）	西蝦夷地 北蝦夷地 （カラフト）	『再航蝦夷日誌』
三	嘉永二年（一八四九）	東蝦夷地 クナシリ・エトロフ	『三航蝦夷日誌』
四	安政三年（一八五六）	本蝦夷地 北蝦夷地	『武四郎廻浦日誌』
五	安政四年（一八五七）	東西蝦夷地 奥地山川	『丁巳東西蝦夷山川地理取調日誌』

六　安政五年（一八五八）　東西蝦夷地奥地山川　『戊午東西蝦夷山川地理取調日誌』

武四郎は、一～三回の探検で、蝦夷地探検家としての地歩を固め、四～六回の探検で、押しも押されもせぬ蝦夷地探検家・蝦夷通となつた。

特に注目したいのは、『初航蝦夷日誌』『再航蝦夷日誌』『三航蝦夷日誌』が、意見書、蝦夷地図と共に、幕府よりも先に、水戸藩九代藩主徳川斉昭（烈公）に献上されたこと、安政三～五年にわたる蝦夷地探検が、水戸烈公斉昭の強い後押しがあつたらしいことである。これらの点については、詳しく後述したい。

さて、武四郎は、これまでの不動の業績により、明治元年（一八六八）、「任徴士箱館府判事」同二年「蝦夷開拓御用掛」「開拓大主典」そして「開拓使判官」となり、蝦夷地道名、国名郡名の撰定にあたつて原案を提出、ほぼ武四郎の原案通り採用されることとなつた。武四郎が「北海道の名付け親」と言はれてゐる所以である。

晩年は、刎頸の交はりをもつた水戸藩士加藤木賞三（平野正太郎）の子一郎を養子にもらひ、悠々自適の生活を送りながらも、全国遊歴の志は止まず、吉野山、高野山、大台原山等へ登ることもあつた。

明治二十一年（一八八八）、神田五軒町にて、七十一歳の生涯を閉ぢた。なほ、墓地は、東京都豊島区の染井霊園にある。

二　水戸藩との接点

武四郎が蝦夷地探検を志した弘化元年、水戸藩では、水戸烈公斉昭が幕府から七ケ条の嫌疑を蒙り、隠居謹慎を命ぜられるといふ、いはゆる甲辰の国難が起つてゐる。水戸の両田と言はれ、烈公の腹臣でもあつた藤田東湖、戸田忠敞も謹慎を命ぜられ、水戸藩にとつては正に、天下に魁けた改革が、頓挫を余儀なくされる事態であつた。

この時、烈公の無実の罪を晴らさうと数多くの藩士、領民が立ち上がつたが、秘かに脱藩して江戸に行き、雪寃運動に奔走した人物の中に、加藤木賞三（平野正太郎）がゐる。賞三は、武四郎と水戸藩をつなぐ重要人物である。

さて、水戸ではその雪寃運動が行はれてゐる最中、武四郎は初めて蝦夷地に赴き、東蝦夷地を巡検し、帰途、何故か会沢正志斎を訪ふてゐる。正志斎と言へば、『千島異聞』を著し、全国志士のバイブルとも言はれた『新論』を著し、全国に多数の門人をもつ大学者であつた。武四郎が正志斎を訪ふたのには、誰か紹介者がゐたに違ひない。果せる哉、当時、蝦夷地には、松前藩侯の賓師として山田三川(5)がゐた。三川は、武四郎と同郷伊勢の人。昌平黌に学び、天保九年から嘉永元年春まで松前藩に

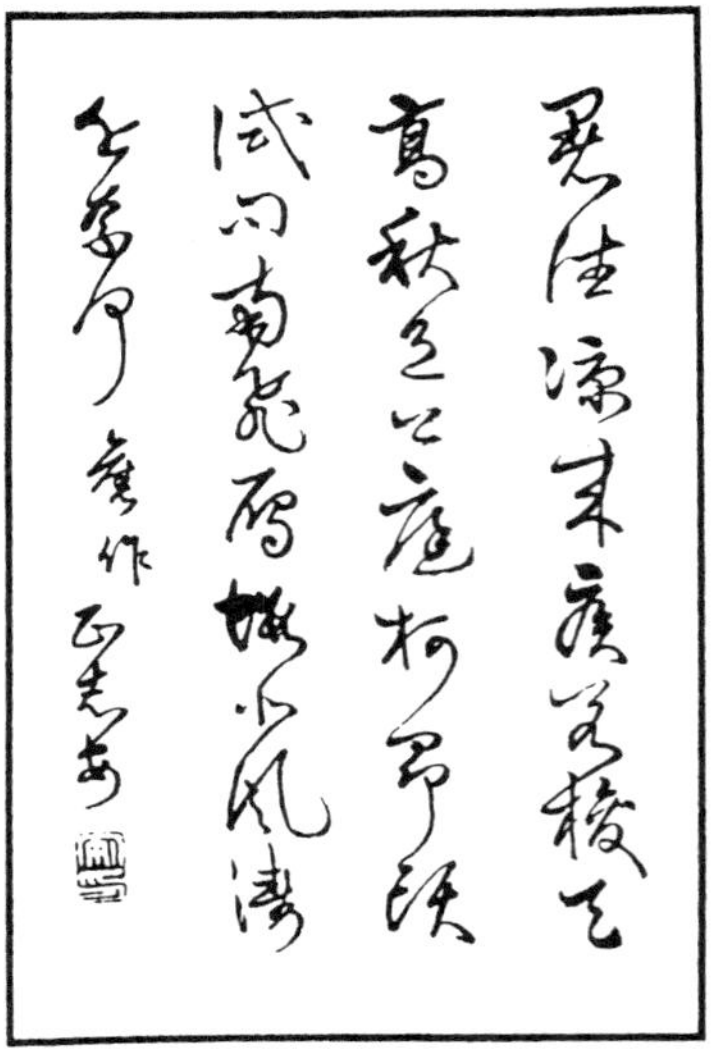

仕へてゐた。しかも三川は、天保三年（一八三二）既に水戸藩の小宮山楓軒を訪ひ、後には、藤田東湖、立原杏所、桜任蔵、菊池三左衛門（菊池謙次郎伯父）と交遊し、水戸に蝦夷地の情報をもたらし、嘉永四年頃には水戸烈公斉昭に聘せられんとしたこともあつたほど水戸に近い人物である。

谷澤尚一氏が「山田三川を通じて松前藩に接近した[6]」と推測されてゐるのは当を得てゐると思はれる。さらに言へば、武四郎は山田三川を通じて水戸藩に接近し、会沢正志斎を訪ねたに相違ない。それを証する紹介状等は残つてはゐないが、さう考へるのが自然であらう。

武四郎は、正志斎を訪ねた折、一詩を贈られた。万延元年（一八六〇）冬発行された「納沙布日誌」（多氣志楼蔵版）[7]に、正志斎の漢詩が跋文として掲載されてゐるので紹介したい（図版参照）。

［読み下し］

暑往き涼来つて疾きこと梭の若し。天高く秋色庭柯に上る。頭を昂げて試み問ふ南飛の雁。蝦北の風涛近きこと奈何と。

旧作　正志安　印

〔通釈〕

暑さが去り涼が訪れ、月日のたつの早いことは、梭（はた織りのひ）の動きのやうである。天高く秋の気配が庭の木の枝に見えるやうになつた。南に飛んでゆく雁に、蝦夷地までどれ位の距離なのかとたづねる。(8)

武四郎が蝦夷地探検を志して（弘化元年二月）正志斎を訪ねる（同二年十一月）までの間、他の水戸藩士人との接触・交流は、自伝を見ても認められないから、水戸藩との接点は弘化二年十一月、会沢正志斎訪問が最初としてよいであらう。

三　水戸藩士との同志的交遊

それ以降の武四郎は、水戸藩士との交友を益々深めてゆくのであるが、それは通常の交友関係ではなく、信義で結ばれたきはめて親密な盟友とでも称すべきものである。武四郎の交友関係は、まことに広範であるが、水戸藩士人とは志を同じうし、他の交友関係とは同日に論じられない。

蝦夷地再航となる弘化三年正月には、甲辰の国難で江戸小梅村の水戸家下屋敷に蟄居中の藤田東湖から（おそらく烈公の雪寃運動に奔走してゐた加藤木賞三か桜任蔵の紹介であらう。武四郎が実際に東湖に会つたかどうかは不明。）

玉鉾のみちのく越えて見まほしき

蝦夷が千島の雪のあけぼの(9)

といふ送別の和歌を贈られた。武四郎はこの歌を探検中最も愛誦してゐたといふ。『蝦夷波南志』(10)に、

東夷をまはり、シレトコに到り、彼の標柱に、

勢州一志郡雲出、松浦武四郎

と記し、翌七月、

西部より此の知床に到り、此の標柱を見て、裏にまた年月を記し、藤田東湖の歌を旭に向ひて高誦す云々

と見える。

この時、武四郎は、西蝦夷地汲び北蝦夷地（カラフト）巡検を目的として江戸を発し、まづ水戸に赴き、再び会沢正志斎を訪れてゐるから、正志斎から蝦夷行の激励を受けたのであらう。正志斎と言ひ、東湖と言ひ、天下に名の響いた水戸学者から激励を受け、和歌を贈られた武四郎は、どんなにか志を励まされ、勇気づけられたことであらうか。

嘉永元年（一八四八）になると、武四郎と水戸藩士人との交友は一段と深まつた。東湖の門下生桜任蔵と加藤木賞三とは特に親密になつた。同年正月の記事に、

此比よりして聊づゝの金を葉山静夫（桜任蔵）、加藤木賞三等申合せ積立て藤田東湖へ送り始めたり。専ら是より源烈公方の人を募り歩行ぬ。また烈公よりもいと有り難き仰せ言を蒙りたり。(11)

と見え、水戸の竹隈の家に帰り、宅慎中であり、しかも病気がちであつた東湖のために、お金を送るといふ、任蔵と賞三と武四郎はまさに同志であつた。烈公にも初めて拝謁した武四郎は「有難き仰せ言」を賜はつた。興味深いが、今は想像するのみである。

四　武四郎と長島尉信と木村謙次

桜任蔵は真壁（現茨城県真壁町）の人、家は世々医を業としてゐたが、任蔵は水戸の藤田東湖に学び、熊沢蕃山の書にも親しんだ。常に皇室の式微を憂ひ、寛政の三奇人の一人高山彦九郎を慕つてゐた。天保年間江戸に在り、藤森天山と知り合ふが、弘化元年幽囚。安政五年に京に上り、翌六年、安政の大獄に遭ひ嫌疑をかけられた。その後、紀州の動静を探る活動をしてゐたが、翌七年七月六日、四十八歳で没した。

その任蔵が、嘉永元年二月、土浦の長島尉信に宛てた手紙で、

此生松浦武四郎と申者ニ而、勢州之産、平素好㆓遊歴㆒、現ニ六十餘州跋渉相盡候而、先年蝦夷地奥邊迄も再遊、此度又々同地探りのこし候所有㆑之候趣ニ而、彼地え赴申候、小子近来之交りニ候所、斯様之小男ナレ共、膽太く實ニ當今一奇士ニ御座候、何卒御一宿御許容、御談話被㆑下候はゞ幸甚之至奉㆑存候

此生、平生慕㆓高山蒲生兩士之跡㆒、慨然以㆑世為㆑患申候、為㆑人既ニ諸子之送序等にも相盡申候、

御覧可レ被レ下候、乍然、奇士果而得レ奇遇、古今之同弊、此生胸間待二知己一始而可レ談、御内密奉レ希候、同人高山處士眞跡、達而懇望候ニ付、此度為二祝儀一一枚遺申度、何也と急々處士之名乗有レ之候物、御手本《てもと》ニ候ハヾ御與可レ被レ下候様に奉レ希度候(13)

と、武四郎の人となりを紹介し、高山彦九郎の真蹟があれば、与へて欲しいと依頼してゐる。武四郎が高山彦九郎を慕つてゐたこと、明らかである。

また、これより先、同年正月に、加藤木賞三が尉信に宛てた手紙に、

此松浦竹四郎と申もの、舊冬、既に御話申上候仁物ニ而御座候、生國ハ伊勢之産ニ而、漫遊を好み中國九州北越佐渡、あまねく跋渉して、能其古實を探り申候、最其中ニ而九州日向之國高千穂之嶽之事などは、是程に穿鑿之行届候人物は、唯今迄終聞不レ申候。本居宣長大人、かゝる神代之古實を穿鑿する人ですら、中々に高千穂之事ニハ窮し候様子、粗見得候、殊に蝦夷地に行て、星霜十ヶ年計り、居住いたし、ゑぞ地探索之事も頗る行届申候(14)

と見え、やはり武四郎の人となりを紹介してゐる。文中、武四郎の旅行家・探検家としての本領をよく紹介してゐるが、「殊に蝦夷地に行て、星霜十ケ年計り、居住いたし」は、原文書がこの通りだとすれば賞三の誤解であるし、あるひは解読者の誤読の可能性もある。嘉永元年の段階では、十ケ年ではなく、三ケ年が正しい。

加藤木賞三は水戸領孫根（現茨城県東茨城郡桂村）の人。里正加藤木正道の子として生まれ、水戸

城下吉田神社神官を務めた。天保七年凶作になると、籾百俵と雑穀百五十俵を提供し、ために、領内の人々は救はれたといふ。その功により士分に取り立てられ、国事に奔走するやうになつた。前述した甲辰の国難の時には、平野正太郎と名を変へ、江戸で烈公雪冤運動に力を尽くした。兄の子を東湖に学ばせたり、娘を東湖の妹婿桑原家に嫁がせたり、東湖夫人が亡くなつた時は葬儀に参列し誄詞を述べる等、東湖との縁は頗る深い。明治以降は茨城県に出仕して、武四郎の出版活動の労をとりつつ、同二十六年七十八歳で没した(15)。

さて、蝦夷地三航にあたる嘉永二年二月、賞三、任蔵から尉信を紹介された武四郎は、早速、江戸を発つと長島尉信を訪ひ、藤田東湖と会ふつもりで水戸に入つたが、東湖は未だ宅慎中だつたので、

未だ藤田戸田に逢ふことを得ざればせんなく出立(16)

したのだつた。

武四郎は、東蝦夷地、クナシリ、エトロフの巡検を終へると、帰路再び尉信を訪ねた。長島尉信の日記に、

九日、晴、九ツ時、松浦武四郎帰来、とめ申、（中略）当春三月九日着、同廿二日出立、日々十四里位ニして、四月朔日三馬屋内着、内太迄風待、閏正月十四日また箱館より発し、久奈尻着、五月十九日エトロフ泊り、六月廿日迄、エトロフヲ出帆して、七月七日箱館ニ帰ル、同二十七日箱館出帆、南部の大唱へ渡着、八月二十四日仙台へ帰ル、十月九日土浦へ帰、無事ヲ祝ス(17)

とあり、尉信は武四郎の無事を祝したのであつた。

ところで、この尉信訪問は、武四郎にとつて重要な意味をもつものであつた。といふのは、武四郎が、水戸藩の蝦夷地探検家木村謙次[18]の『蝦夷日記』借用を申し出てゐたことである。『蝦夷日記』は、木村謙次が近藤重蔵、最上徳内、村上島之允等と共に、寛政十年蝦夷地探検を行つた時の記録である。尉信はこれを天保年間水戸藩に仕へてゐた際に會澤正志斎から借り受けて筆写し所持してゐたのである。

尉信の武四郎宛書簡に、

客冬（嘉永二年）十一月十六日御認めの貴書、同廿二日到来、詳細拝見仕候、御丁寧被㆓仰下㆒、多謝々々、即刻貴答可㆓申上㆒ところ、十月十六日呈し候愚書、御案内の寓居主人（色川三中）へ相托し置き、同十七より城西二里餘、かの御歸府の頃、御見立申上候河橋の上筋に罷出、堤防等の事に預づかり居候に付、被㆓仰下㆒候木村氏の蝦夷日記も、寓居主人、倉庫へしまゐ置候て取出しかね、且其段申上候にも郷中に罷在候ことゆゑ、心底に任かせず、以外に失禮、今日に及び申候、則ち今便蝦夷日記三冊さし上げ申候、御落掌被㆑下度候、ゆる〲御留め置き、御推讀下され、萬一御用にも相叶ひ候ところ候はゞ大慶、木村氏の靈も嘸と奉㆑存候、必らず御急ぎには及不㆑申候[19]

また、もう一通に、

松浦武四郎様　　　　　　　　　　　　長島二左衛門

拝上蝦夷日記三冊添

奉啓（中略）

扨又木村氏蝦（夷）日記、段々延引、此儀、去年水あかりにて、御案内の色川氏（三中）倉え打込み置、（中略）其上春來、拙老少々不快、やう〳〵一兩日、快を得申候、右ゆへ猶更延引、今日則ち便宜得候間、右、色川より取寄せ、捜出し候間、則ち相廻し申候、以の外、亂寫にいたし置候間、御覽六つかしく候半と畏入候、ゆる〳〵御覽、もし御用に立儀も候はゞ大慶、木村氏の靈も悦び可ㇾ申と存候（後略）

（嘉永三年）

二月十八日[20]

とあつて、武四郎の元に『蝦夷日記』が届いたのは、嘉永三年二月十九か二十日頃であつたらう。武四郎は急ぎ『蝦夷日記』を読んだ。

如此五百里外の旅行、別して不毛の地に到るに、此の四文銭一本を持つて家を出るは忽然たること、實に志士の感すべきことなり[21]

といたく感激して、執筆中であつた『初航蝦夷日記[22]』には、

皆粗よりして精に到る礎趾ともならんかし

との思ひで、『蝦夷日記』を抄写し、自著に謙次の詩を数多く引用したのであつた。

北海道大学附属図書館北方資料室に『木村子虚筆記』が所蔵されてゐる。その奥書に、

昭和九年十一月二日朝完了、北海道庁所蔵『蝦夷図説』並に『三国通覧補遺』合綴本「多気志郎納本之印」あるものなり

高倉新一郎

とあり、これは正しく武四郎が長島尉信に借り受けた抄録したものを高倉氏が写したものである。なほ、尉信が正志斎から借りて筆写した『蝦夷日記』は、原本が失はれた現在、最も古い写本である。(23)

武四郎は四月上旬に「初航蝦夷日誌」をまとめ終へると、四月から九月にかけて『再航蝦夷日誌』(24)を脱稿、此頃元水戸人の皆川泉右衛門方に寓し、冬には『三航蝦夷日誌』(25)を脱稿すると共に『蝦夷大概図』を著はす等、一気呵成に探検の成果を書き上げたのである。

ところが、嘉永四年、武四郎が著はした『蝦夷大概図』(26)に松前藩が抗議し、武四郎が上梓した『婆心録』他の書が林大学頭の忌避にふれるといふ事件があつた。しかし、この事がかへつて、危機感を抱いた水戸藩士人と武四郎を接近せしめることとなつたのである。

翌年、武四郎は、自著の『蝦夷日誌』を携へて帰郷し、恩師平松楽斎を訪ねた。夏には大阪で土浦の勤王家佐久良東雄と遭ひ、更に伊勢神宮に奉告を済ますと、京都、千早、金剛山等と、南朝の遺跡

を巡つてゐる。

五　『新葉集』の再刻

前掲の加藤木賞三書簡で注目すべき事は、武四郎に『新葉集』再刻の志があつたことである。『新葉集』とは、後醍醐天皇の皇子宗良親王が撰せられた南朝方歌人の和歌集のことで、再刻については、水戸藩の中にも、藤田東湖を中心に計画があつたのである。

別而此もの、南朝家ニ而、義氣慷慨之人也、殊に高山氏蒲生氏をしたふ人ニ而御座候、よの中の偽慨慷家ニ而は無㆓御座㆒候、今般も又候蝦夷地に行、只今迄探検いたし候ニ未ダ數處を又行て穿鑿いたす之了簡ニ而參候事ニ御座候、此人當冬歸府の後ハ、南朝之新葉集を再刻する之存意ニ而御座候、私シ共彼新葉集之事ハ年來再刻之思立御座候て、自力ニ而ハ不㆓行届㆒、遺憾ニ存居候處、此ものへ噺候處、大ニ踏込而、歸府之後ハ早速再刻いたすべきとの事ニ御座候得バ、私し共之宿意、於㆑此足り申候、私し方ゟ貴所様御事、度々物語りいたし候得ば、兼而より向後北行之時は、御尋申度よし志願ニ而御座候、依而今般御尋申上候間、是段よろしく御承知可㆑被㆑下候[27]

結果的に、武四郎の経済援助を得た水戸藩では、東湖が武四郎に代はつて序文を書き、水戸藩の宿意は達成された。このことは、武四郎の志が、蝦夷地探検の他に奈辺にあつたかを知ることでもあり、その後の思想行動を考へる場合、決して忽せにできない重要な意義を有するものと言へよう。

武四郎の心意気は、次の東潮の「跋再刻新葉集代松浦弘」[28]によつて十分に推察される。

跋再刻新葉集　代松浦弘

萬葉尚矣、古今後撰以下、三十一言不乏其集、而至於使讀者慷慨流涕、不能自禁、則新葉集為之最云、夫伯夷采薇之歌、不過一章、王蠋臨絶之語、僅止八言、而廉頑立懦、千載不朽、況若斯集、五十年間、天地否塞、英明憂世、忠良報國、凡其抒情遺懐、或出於流離顛沛之際、或發於感激痛恨之餘者、雜然萃巻冊之中、則苟有人心者讀之、孰能不慷慨扼腕、繼之以流涕、徳澤入民、忠義之感人、嗚呼亦深矣、弘嘗怪、斯集傳世極尠、問諸書肆、則原板烏有日久、乃不自揆、捐資再上諸梓、區區之心、庶與天下同志之士共之、若夫尋章摘句、品定其格調論其體例、則搢紳君子之事也、詠歌者流之任也、草莽之臣、何敢贅焉、

なほ、嘉永三・四年頃の武四郎は、精力的に出版活動に取り組み、『表忠崇義集』[29]（アヘン戦争で戦死した清の陳化成とその遺骸を隠した劉国標を偲ぶ漢詩集）、『婆心録』[30]（松平定信が徳川家康の遺訓や上意などを集録したもの）、『断璧残圭』[31]（熊澤蕃山の教訓書）等を次々と上梓してゐる。以て武四郎の志を祭するに足りよう。

六　ペルリ・プチヤーチンの来航と武四郎

明くる嘉永六年六月三日、アメリカの使節ペルリが、大統領の国書を携へて浦賀に来航し、我が国に対して通商と開国を迫つた。幕府はその対応に苦慮し、対策に迷つた。この国難にあたり、水戸烈公斉昭は七月三日、幕閣、諸藩大名から乞はれて幕府の海防参与となり、少し遅れて、東湖は海岸防禦掛、御用掛となり、国の大事を担当することになつた。武四郎の記録によれば、

　天下の人士大に気を引き立ぞ有たりける。(32)

と見える。

此頃武四郎は宗良親王の古蹟を巡つてゐたのであるが、十八日、二人の訪問客があつた。一人は長州の吉田松陰、もう一人は肥後の永嶋三平である。おそらくは、水戸藩士か烈公方の人物の紹介があつたのであらう。武四郎と松陰は談ずるに及んですつかり意気投合した。

　最も善く吾徒の心事を諒する者は松浦氏なり(33)

とは、松陰の記す所である。松陰は、嘉永元年十二月から翌二年正月まで一ケ月ほど水戸に遊学し、會澤正志斎、豊田天功等の水戸の碩学から教へを受け、「身皇国に生まれて、皇国の皇国たる所以を知らざれば、何を以て天地に立たん(34)」と慨嘆し、帰藩後猛然と国史の勉強に励んだ人であつてみれば、武四郎と意気投合するのは、ごく自然の成り行きと言つてよい。

翌七月十八日には、ロシア使節プチヤーチンが長崎に来航し、通商と北地の国境交渉を迫つて来たため、国内は再び騒然とした。二十二日には、松陰が南部藩の那珂行蔵と共に再び武四郎を来訪して

国事を談じ、八月二日には、武四郎は水戸藩の軍師山国喜八郎を訪ね、新潟にも異国船が見えたとの届け出があつたといふやうな話を聞いた。

武四郎は、この国難を打開せんと、八月六日、喜八郎に「建白書」(35)を託し、賞三には『初航蝦夷日誌』十一巻を託して、水戸烈公斉昭に献上したのである。然して「建白書」は、蝦夷地の風土物産を述べるとともに、木村謙次の憂ひ、林子平の見識を以つて書かれたものであつて、冒頭に触れたやうに、真先に水戸家に献上されたところに、武四郎の水戸に対する思ひ入れと烈公に対する期待感が表はれてゐる。

藤田東湖の「嘉永六年日録」(36)九月七日の条に、

　松浦竹（ママ）四郎来る、竹（ママ）四郎は蝦夷地へ度々行く、今度蝦夷図説を著せし男なり

と見え、また此頃であらうか、東湖の桑原宛書簡に、

　松浦生の事、御書中、尚又珂生御読にて詳悉、天下の奇男子に御座候、如此世の中にも左様の人有之候故、めつたには死し兼ね申候、近来の愉快、此事に御座候(37)

とあり、東湖にとつても武四郎の存在は大きかつたのではなからうか。

海防参与として、北地国境交渉を進めるにあたり、蝦夷地の詳しい情報を誰よりも欲してゐた烈公は、武四郎から献上された『蝦夷日誌』をどんなにか喜んだに違ひない。武四郎への次の自筆の和歌が全てを物語る。

ぬるがうちも夢に三つ帆の夷艦
　打ち砕かん玉ぞ宝なりける(38)

七　国事への関心

八月三十日には、藤田東湖、藤森天山の計策（朝廷が、新将軍の宣旨を下すに当つて、非常に重大な事局であるから、国体を辱しめないやうとの攘夷の御沙汰を、天皇から幕府へ賜はるやう内願するといふもの）により、鷲津毅堂から上洛の依頼があつた。武四郎は、京の公家たちに働きかけることを希望してゐたことでもあり、東湖と天山の秘文及び松陰の「急務則一則」を携へて京に向かつた。一体、幕府に漏れたら重大事件となるであらう極秘の文書を依頼されるといふことは、相互に同志としての確固とした信頼感、連帯感があるからであり、尋常一様の交友関係ではなかつたことを察すべきである。

しかし、一部に、武四郎は水戸烈公斉昭より頼まれて異国退治の錦の幟を貰ひに行つたといふ風説が流れ（いはゆる錦旗事件）、武四郎は窮地に追ひ込まれたが、賞三や任蔵の必死の努力により、風説もだんだん流れなくなつた。

藤森天山は江戸の儒者。天保八年、土浦土屋侯の賓師となり、郡務文教に功績をあげた。弘化元年江戸に帰り、塾にて教授。「海防策」を烈公に献じ、信愛されるやうになつた。東湖、武四郎、頼三樹三郎、梁川星巖とも志を同じくし、国事を談じた。安政五年、投獄され、下総行徳に追放され、文久二年、六十四歳で江戸に没した。

なほ、十月二十七日、武四郎は、大坂で、常陸の勤王歌人佐久良東雄と会し、国事を談じたが、同人も論同じ事にて有は早々出立してゐる。

（未完）

註

（1）『藝林』第二十八巻第三号所収「松浦武四郎研究覚書」。

（2）大山晋吾氏の考察（松浦武四郎研究会編『北への視覚』）によつて、松浦はマツウラではなくマツラと読むべきことが明らかになつた。

（3）松浦武四郎研究会編『校註簡約松浦武四郎自伝』（北海道出版企画センター　昭和六十三年）。

（4）横山健堂氏は、武四郎の『西海雑誌』をひき、「長崎で北夷侵犯の事を聞いて、探検の大志を起こした」とし、吉田武三氏は、「長崎酒屋町の名主津川文作から北地の形勢を聞いて」とし、谷澤尚一氏は、『西海雑誌』の記事の中「ロシア側の侵犯のことを聞いて探検の大志を起こす」を動機とし、大山晋吾氏は、「津川文作をも含めた当時の長崎・平戸の対外的に緊迫した雰囲気の中で」志を立てたとしてゐる。

（5）富村登著『山田三川』（富村登遺稿出版後援会　昭和四十一年）に詳しい。

（6）前掲書『北への視覚』（北海道出版企画センター　平成二年）。

（7）三重県松浦清氏蔵（松浦武四郎記念館寄託）。
（8）丸山道子現代語訳『松浦武四郎著知床日誌』㈲放送アートセンター　昭和五十八年）。
（9）高須芳次郎編『藤田東湖全集』第三巻（昭和十年　常華社）。
（10）東京松浦一雄氏蔵（国立国文学研究資料館寄託）。
（11）前掲書『自伝』。
（12）鈴木常光著『幕府の奇士桜任蔵伝　貧侠櫻花散』（桜任蔵顕彰会　昭和四十九年）に詳しい。
（13）（14）「傳記」伝記学会編　二月号　昭和十一年　望月茂『松浦武四郎の勤王事績』。
（15）『栃木史学』第十三号に、田中正弘氏が「明治中期の女学生の書翰と加藤木畯叟」と題して、武四郎と賞三の交友に触れながら、畯叟の藍綬褒賞受賞の経緯と維新前後の事績を紹介してゐる。
（16）前掲書『自伝』。
（17）外務省外交資料館所蔵『長嶋三左衛日記』。
（18）拙著『水戸の人物シリーズ　天下の英豪　木村謙次』（水戸史学会　昭和六十三年）を参照されたい。
（19）（20）（21）横山健堂著「松浦武四郎」所収。
（22）東京松浦一雄氏蔵（国立国文学研究資料館寄託）。
（23）『茨城県立歴史館報』二〇・二一・二三号所収　拙論「長嶋尉信筆写本　木村謙次『蝦夷日記』」（茨城県立歴史館　平成五・七・八年）を参照されたい。
（24）（25）（26）東京松浦一雄氏蔵（国立国文学研究資料館寄託）。
（27）『傳記』二月号（伝記学会　昭和十一年）所収　望月茂『松浦武四郎の勤王事績』。
（28）菊池謙二郎編『新定東湖全集』なほ、平成十年　国書刊行会より復刻版が刊行されてゐる。

(29)(30)(31)　東京松浦一雄氏蔵（国文学研究資料館寄託）。
(32)　前掲書『自伝』。
(33)　『吉田松陰全集』所収。
(34)　『吉田松陰全集』第六巻所収「詩文拾遺」。
(35)　東京松浦一雄氏所蔵（国立国文研究資料館寄託）原題『以書付愚存申上候一條』。
(36)　『新定東湖全集』。
(37)　『傳記』二月号所収　望月茂「松浦武四郎の勤王事績」。
(38)　吉田武三著『定本松浦武四郎』上所収。

第二編　史料翻刻と紹介

一　松浦武四郎『北邊危言』
――安政年間蝦夷地秘史――

　ここに紹介する『北邊危言』は、伊勢の北方探検家松浦武四郎の著であるが、茨城県立歴史館の所蔵にかかり、表紙の「北邊危言」の文字は、水戸藩彰考館総裁豊田亮（号天功）の自筆であり、本文には随所に朱で訂正が加へられてゐる。同内容の書は、国文学研究資料館の松浦家文書の中にも見られるが、「無題」で長く筐底に秘されてきた。昭和十九年、横山健堂氏が、その著『松浦武四郎』の中で紹介し解説を加へてゐるが、水戸に伝へられたものの翻刻、及び本文の全文紹介は今回が初めてである。

　この書が長く筐底に秘されてきたのは勿論武四郎の遺志によるものであるが、それが水戸藩に、しかも豊田亮に伝へられた所に大きな意義がある。その背景、事情については別稿で一部明らかにしたが、詳しくは後日あらためて論ずることにしたい。

　松浦武四郎は、文政元年（一八一八）伊勢に生まれ、十三歳の時に津藩の平松楽斎に入門、十七歳の時に諸国遍歴の旅に出た。弘化元年（一八四四）二十六歳の時に蝦夷地探検の志を立て、以後六回の蝦夷地探検を行ひ、間宮林蔵亡き後の、蝦夷地探検・蝦夷通の第一人者となつた。

この間、武四郎は、会沢正志斎、豊田天功、加藤木賞三等の水戸藩士と同志的交友を結び、蝦夷地問題の解決を水戸藩に託する所があつた。その表れが、『初航蝦夷日誌』『再航蝦夷日誌』および「蝦夷地図」等の水戸烈公斉昭への献上であつた。

この『北邊危言』は、蝦夷地の将来を憂慮する武四郎が、安政三～五年の蝦夷地探検の際に、幕府直轄の蝦夷地を奥羽諸藩に分割分与するに至る過程で生じた問題を方々から聞き取り、後世のためにと書き残したものである。井伊大老を中心とする、蝦夷地における瀆職問題を記して余す所がない。

翻刻にあたつては、原本の形式や表記法を、できるだけ尊重したが、読者の便を図るため、次の諸点について配慮した。

㈠　適宜、読点、返り点をつけたが、濁点は加へなかつた。
㈡　漢字は、原則として常用漢字を用ひたが、無いものは原本通りとした。
㈢　仮名は、平仮名・片仮名はそのままとし、変体仮名は全て当用の平仮名・片仮名に改めた。但し、助詞の「者」「而」はそのままとした。
㈣　朱で訂正されてゐる文字については、本文右に小文字で表した。
㈤　虫損、破損等により、判読不能な文字は□で示し、充分判読できない文字は、（ママ）或は（カ）と付した。

【北邊危言】

おこがましく書置も、人の是非を挙るに似たれは、自ら恥へけれとも、それ等の云々は、言残さては、何故か知る人も絶え、また能知り給ふ人も他役へ轉せらるれは、其始末を全ふなし玉ハさる故、此度六家へ被レ下ニ相成候の大意をしるし置に、

嘉永六癸丑のとし、カラフト島へ魯夷来り、其よりして崎陽迄種々境界の事等有レ之けるよりして(カ)、翌七ノ年甲寅の春、堀織部正、村垣与(三)一郎等いへる人、蝦夷よりカラフトへ渡り、追々彼地の容易ならさる事献言致され、尚諸夷函館に来るにつけて、

安政二卯としに成、東地上地被二仰付一候、翌三年丙辰のとし、諸役人多く箱館より蝦夷地にわたりけるに、其比未た西岸嶮岸之地多く歩行成難きか故、揆《かき》送りといふて、小舟もて岸を傳ひ行も浪荒くして、時々越難き邊《辺》りも山道を開き、処々エ在住の□方も御移り相成候、田畑并漁場等も追々開け、巳年も過ルりに、

同し五戊午の年まて三とせの間に、開拓の眼目も附候比ニ及ひ、土人も初年には何事そ(虫損)□迄禁し置れし農業も致し候様家《我》々の風俗も和人の髪様に改め候様との事をそ怪居たるに、其徳化に浴して、御所置の忝き事を承知しける比に及ひ、

同く六己未のとし七月比ニ及ひ、是迄ハ警衛の御人数差遣候に相成居候仙台、南部、佐竹、津軽の四

家は元より、其餘奥羽の大名エも土地被レ下ニ相成候との風聞、誰か沙汰するともなく聞えしかは、上杉家にてハ、文化度彼地へ多くの人数差遣ハされ、其時の入費に恐れられし也、留守居高津隼人等洁(カ)要人を以て、公邊へ御家重代の長光の太刀を献上し、弾正大弼領分、未た國元も武備行届さる等申上ニ相成候ひて、此度拝領の列にもれんと時から世の政を恣に致し、大小名はおろか、旗本御家人等に七八分は膝を屈し給ハさる者無、その者川役エ手を入、漸々夷地拝領の事を脱れられしか、彼四家の外、會津、庄内合せて六家の諸侯伯、其ゆゑに聊一言の事を否ミ給ふ事をも得(カ)せす、また仙台侯には御拝領被レ遊度御下心もあらせられ候時なれハ、東地不レ残もかなと公には御思召も有レ之とかや、冬に相成て、いよ〳〵仙台家エは、東地にて先第一是迄の陣屋も立置給ひし、まして白老、十勝、厚消、根諸はニシヘツを境として以南クナシリ、エトロフにシコタン邊の島々不レ残被レ下候、會津家ニは、根諸、ニシヘツの以北より、舎利、紋別、秋田家へは、江刺、宗谷、リイシリ、レフレシ《ン》リ、マレケ《シ》には元陣屋も有へくんはと被レ下、庄内様へは天塩、笘前、ル、モバ《ッ》へ、濱増毛、テウレ、ヤキシリ、津軽家へは　寿都、島古巻、老月、南部家《ェ》は、レフンケ、モロラン、縨別と、是ニて土地は凡夷地半分計は赤門侯の一言の中ニ諸侯の有とそ成りしか、実ニ折角莫大の金子を費し、是迄御手入被レ成候て眼目も附たるに、却而荒蕪に返る所多く、請負人共カ苛責にも勝る遣方致されし苦を免しカ、又元の苦界と成りしとそ、実にうたてけり、

扱、其趣意は如何成事より起りしカ、如レ此成りしやと改ニは申もさら也、皆人の疑惑の多かりけれ

は、其趣意誰も能く知る者も無けれは、其始終、余、故有て概知せは、書残し置んと歎すれ共、書残せは、有司達の非を挙るに似て、天理の大道に背き、恐無にあらされは、如何とも思えとも、天理の大道に洩たる所置にし有れは、聊か筆を取置（カ）ものなりける也、先、此起元といへるは、蝦夷の地には、是より是迄、彼処より彼処迄何程の地を、漁猟の事より土人の事迄、凡年ニ土産之上り高ニ、凡見込して、一ケ年何程と官に金を納めて、是を運上金と号け所置す、其者を請負人と号て、何れも箱館松前の町人また江州紀州より出店せる者も有ける也、その内、ハ《ソ》わ《ウ》や、ハ《リ》イシリ、レフンシリ、江刺、紋別、舎利、根諸、クナシリの八ケ所にて、廣袤蝦夷三分ケ一に及ほす程も有けるに、是を井伊掃部頭様の用人格にて、五十人扶持を賜りける江州蒲生郡枝村の藤野善兵衛と申者ニ而、柏屋と屋号を申、又十とそ印を以呼ける、此者、五六ケ《十》年前より松前枝ケ崎町ニ出店致し、右之八ケ所を請負致し、松前内蔵と申大夫、領主の幼時にして国政を専らとし、惣而之事此大夫の意に出しか、此大夫の妻といへるは、元来越後出生にして、奥州往還なる福島宿に妓を致し、蔦といへる者なりしを、内蔵身受してそ妻となしける也、流石に萬客を取扱ふ業に長しけれは、内蔵を手に入、藩中市中の願筋を取次、其佞弁、実に冨楼那（ふるな）も舌を巻へきの手取なるに、其弟金子元衛門といへる者、遙に越後の国より此方彼方流浪して有けるを、此柏屋善兵衛なる者、旅の空より連来り、萬《事》の世話致し置、蔦の方エ入込セ、兄弟の因を名のらせて、月に花に雪につけ、何くれともなく朝夕に出入致し、取もち、八ケ所の事を何くれとなく内意□□（虫損）申て、差図を受候間、一藩の下吏等ニは、終に此柏屋㐂兵衛に一言の返し言する者なし、夫に力を合す者多く、蝦夷地より積出す舟、また積入船の改も、又十の印たに有時は、沖の口御役所の改有にも、致すものなく、其比は、沖口奉行といへるは、藤田六郎といへる大夫の出入頭なる者勤居たるか故、心のまゝに取扱ハセ、子モロ場所へは藤屋善吉、ソウヤ場所へは塩飽屋八右衛門といへる者を遣し、大夫の威にて、領主よりの詰合等の令等は物の数ともせすして有けるに、安政三辰年の上地となりて、公儀よりして詰合の役人遣ハされけるに、流石公儀風の厳しきに、是まて虎の威をかりし又十も、今は詮方なく膝をそ屈し、其風をも吹し兼て、辰巳午の三ヶ年に、殆と困り、如何なる時にか《ハ》思案せんと按し、わつらい居たりけるか、別而も、其内クナシリといへるは、離島にして、周廻九十二里有ける島に、土人纔九十四人ならてなく、漁猟の行届かさる故に、内蔵大夫国政を専らとしける時、願済にて、舎利、アハシリの土人七百余人有ける、其中より百人ツヽ丈夫の者を撰ひ、遣しけるに、其中にも稼業のよく出来る者は、五年八年之間も故郷へは帰さる故に、女は嫁るへき時に嫁もせす、男は娶る時に娶らて、空く過すと《こと》、実に悲むに堪たり、然るを、此舎利詰なる定役宮崎三左衛門と申者、其遣方ニて土人共の頗る難渋なる事を察し、ハ《ク》ナシリ出稼の事を種々故障申立、若此儀、箱館にても聞済と有レ之事ならは、必す其年限り〳〵交替致し候様、厳重に相改め、又ソウヤといへるは、紋別、夕別、戸頃といへる八十里餘の処の土人等を多く引上遣ひ、其を又其夫《ヲツト》はハ《リ》イシリ、レフンシリといへる島に遣し、妻また娘等は、運上屋元に置て、番人稼人等の妻として、三年五年も夫妻の面をも見合ざる様に致し、若病気附も致さは、漁小屋へ遣し置、一貼の薬をも与へす、孕む時は水臘《イホタ》村蕃椒《トウカラシ》を奠し呑しめて、是を脱せしめ、見殺に致しけるか故、文政年中、公儀より松前へ引渡しの時ニハ、人別ソウヤは七百十九人有しか、今は五百人計ニ成り、紋別といへるは、文政度千百三十六人と聞に、今は六百七八十人、舍利、阿場尻は、文政度千三百二十六人、当時六百九十七人とそ成たりける、其分の事を、詰合和木本某、深く怒り、和人として土人の妻娘等を密婬する事を厳敷禁し玉ひ、また根諸場所なる西別と申は鮭場所にて、蝦夷第一の見込にて、凡一万石目余ツ、上りける処なるか、此川口より五里程上に、シカルンナイと云川有、此川口を以、上はクスリの領分にて、昔しよりクスリ土人年々来り、秋は鮭漁をなし、冬は軽物の熊又鷲の目を取て、箱館に納むるに、惣而土人の法として、川上にて漁場有る処は、川下には張切網を致すこと無か法にして、若是を犯す時は、其網を川上の村々の者取上引裂きけるを法としるも有、別ても、久摺より根諸土人エハ、八拾二品の金銀の多く鏤め有レ之、宝物を遣し、必す川口にて張切網を致し呉さる様との議定も致し置しか、柏屋なる者、請負を致し始るより、種々法外の川口にて漁猟の仕方をなしとそ、禁も大に乱に成しか、今度、公儀料ニ成しや、久摺土人共、此一條を、厚消詰なる調役喜多野某エ出訴ニ及候、此喜多野氏は頗る質直英談《断カ》の士にして、其々の事聊私なく取捌、右法の如く張切網を厳禁にそ仰付ニ成、柏屋も其是の事を迷惑に存、何卒して諸侯の領分に致しけるとの歎心さし起りしより、是迄は松前、箱館、江差の三ケ所の町狭しと内蔵大夫の威権を借り、傍若無人の事を致セしか、大夫の没後、威権の糸筋切れしや否、無理すくめにそ致され有りし、諸侯方の銀主高等追々起り来り、先第一には、江州八幡の永楽屋長兵衛と申者は、松前なる横町ニ出店致し居たりけるか、此者の荷物を、纔の金子の方に引上頂り居、是を返しも不レ致賣拂ひ候故、長兵衛は業体空しく成りて、其店を仕舞し一件、また江戸日本橋四日市なる住吉や武兵衛と申は、弐万餘金の證文を持て、八丁堀与力安藤武左エ門と申者《ける》取立に下り、其餘紀州尾張の御七里公邊の御八判等を願借金一件、諸方より申来るに附、彼喜兵衛も致し方なく、自分は根諸へ下り潜居して、其跡を對談方の受引に、京師の堂上醫師ニ而、惣而如レ此事のミ業と致しける天野天元と申者へ、店方の事を委任し置けるに、ます〳〵借財一件のむつかしく成に附ては、松前にも住居難レ成、巳年の冬は、箱館えそ引移を願ひ出して、公儀の町人とそなりたりける、

扨善兵衛も根諸へ行、店向は手代四郎兵衛といへる者と天野天元に任セ置けるか、此天元者、日々役々の家へ立入、手傳をもふけて、河津三郎太郎、三田喜六の両人と断金の交りにそ成る、頗る河津、三田、安間、水野また奉行用人渡邊、高橋等いへる者の威を以奮ひ居るか、誰《言》其となく、此比市中にては、今は柏屋者、河津家の出入株様に成、是非《を》河津の三木といへるとそ申ける、

三木といへるは、柏屋㐂兵衛、杉浦嘉七、松川弁之介也、此杉浦松川の云々は、事長けれは、そは別條ニ演れは略レ之、

また三田㐂六方にて、大山川と申てを、三人の出入株有様にて、頗る市中の害をなしける也、

大津屋茂介、山田屋寿兵衛、中川伊兵衛といへるもの等なり、別其中にも此天野天元、種々の悪逆

を河津、三田の威光を仮りて致したるか故に、闇打にセはやと市中の若者附ねらふを聞て、四郎兵衛、百両の金を与へて、此天元を内分にて夜逃に帰国致させける、扨、明れは午の春なりしか、柏屋は、箱館え松前を立退引越し、今は公儀の町人とそ成けるか故に心易しと思ひ、日々にまし河津、三田の両家に立入等致しける折に、井伊掃部頭様には御大老職に任せられ、幕府の政事惣而の胸算に出、是を助くるには間部下総守、水野土佐守、久貝因幡守、松平久之亟、石垣因幡守、酒井隠岐守、薬師寺筑前守、鳥居権之介、駒井左京、酒井右京亮、河村對馬守、松平左兵衛亮、南部丹波守、安藤對馬守、久世大和守、松原伯耆守、其下方にて新見蠖蔵、早川庄次郎、小花和兵部、塚原十五郎、松永川半六、河野忠蔵、浅野一学等之奸吏有レ之、聊にても其者に逆ふ者は、目に物見するの勢有けるを、早くも三郎太郎者、是を推算して、去る巳年の春出府し、其節、手傳を以、水戸前中納言様より大日本史弐部と御自詠目録を染させられし陣羽織を拝領し、諸人に誇て見セしを、是に引かへ如レ此なりしや、小花和、早川の両奸士を以、久貝因幡守に阿諂陥し、一方は池の端に住しける椿蔵人といへる一條様の御貸附方等を目論居たりし者を以、長崎義言に手傳を引入、種々の國産または舶来の品等を贈り、追々赤門の手傳を頼入けるそ、恐敷ける次第なり、

また爰に一ツのもつれ事の有けるは、三郎太郎巳年出府の時とかや、前田夏蔭といへる者を以、何事にせよ利益の事と聞は手出しを致さる事無、水野土佐守へ兼々出入致し置、濡手て粟の握ミ取の蝦夷地にて、鯨漁をすゝめ込候《シ》や、水野侯には第一の愛臣と云は、元来中橋邊の大工にて、其妹を己か妾

とし、兄を侍に取立、当時落合新八郎殿と申勘定奉行をそ申附有りしなり、第二は山田幸右エ門、第三には飯田勉次郎、第四に中口周原と《申》カ有ける者共を其懸りと致し、勉次郎なる者を箱館表へ遣し、何かそれらの仕組ニ遣し有りしか、三郎太郎此者を能くも□して、惣而之仕組申附、箱館之新宮屋といへるを一軒立て、是に紀州の産物を送り置、是を請負人へ貸渡し、其代金を《場》借所出産の品物にて取上ヶ候様に仕組を致し、夫に加ふるに、東西の海岸之紀州新宮より鯨取の人数を移し、漁の相始候様にそ仕組致し、早々其年明れは、早

未の年にも成は、ますく〵《赤》者門侯には我威焰々として人触斬レ人馬触れは馬を斬の勢にて、彼出入の諸侯、旗本の士の三侯、五家七人衆等相唱候、衆はますく〵社を結て交をむつましく者《シ》て有ける由を聞得しや、彼勉次郎を出府させ、種々の計略十分に浄瑠理坂えそ申込、そ《今》の任より一足飛の箱館奉行たらん事をそ謀ける処、赤門侯にては、宇津木六之亟、冨田権兵衛両人内権を恣にして、外内の願を惣而此者を用ひたにセは成らさる事なき、侯には兼而金價の事々等内々目論有レ之候、歩金判金を多く諸國え手廻し致し、御買込被レ成候、其元手金の操出し方に、此柏屋㐂兵衛なる者を御呼出し被レ成候に、四日市の明石屋治右衛門方ニ滞留致し居、専ら其金方を致し候時をよしと、㐂兵衛、治衛門の両人は、御領内ニ而四百万両程も買入候内、柏屋は、敦賀より若州、小濱、丹波、丹後邊ニ懸り、凡百萬両餘も買出し、御用ニ弁し候事等有レ之、河津、其時、松川弁之介、小林森之介、其外手代共多く遣し、越後国ニ而、中村濱の佐藤廣右エ門の金子を以、凡七八十萬両も買入、赤門侯え御奉公を

そ致しける間ニ、追々金價も上りしか、時こそよけれ、事早十分成就と河津か申送り候を、是そ能き手懸りと、早くも彼地を御固メの大名へ配分致し、其上にて、㐂兵衛一手請候事を、宇津木、冨田之両人エ申込、左様相成候ハ、、夷地大半其店の有と成へしと一策を与へ、表向には、此一島中は公儀一手ニ而は物入も相嵩ミ、如何ニも開方捗（ママ）取申さる故に、奥州の諸侯へ御配分ニも相成候ハ、、暫時に手も行届き可ㇾ申、左様相成候ハ、、漁運上金を公邊に御収納ニ成、警衛のミ諸侯エ被二仰付一候てハ、諸侯の氣配ニも相懸り候間、是は其地所拝領被二仰付一候様との献白相認、村垣淡路守殿へ差出し、赤門侯へ奉りしや、如何ニも尤と其機ニ臨ミて合槌を、宇津木、冨田の両人ニ而は六七月比に相定り、諸侯配分の調ニそ相成ける、

扨、其諸侯は、第一仙臺、會津、佐竹、庄内、津軽、津軽南郡と聞よりも、藤野㐂兵衛は直ニ出府し、先第一に、仙臺の留主居橋本九八郎、秋保清潔、佐竹家ニ而ハ渡邊泰治、田代蔀、飯塚傳也、會津家ニ而は城七大夫、右澤民衛、平尾悌五郎、酒井家ニ而ハ塚田多宮、岡田揖兵衛、南部家ニ而ハ加島七五郎、小野寺傳八、津軽家ニ而は比良野助太郎、小川六左ヱ門等、一々赤門侯の内意ニ而、宇津木、冨田の両人より、於二蝦夷一土地御拝領ニも相成候ハ、、其地請負之儀、柏屋㐂兵衛儀は身元相應之者ニも御座候間、此者エ是迄之通り、御請負方御仰付被ㇾ下候様との一聲にて、誰一人否む者なく、威腹《服カ》してこそ居たりけるに、仙臺家ニ而元留主役を相勤申候処、橋本九八郎よりも新参ニ而有けるに、卯年二月十二日、蝦夷御固メ之儀被二仰付一候や、公邊人数も未た一人として夷地エ入込さる時に、第

一に出立して東蝦夷地を順見し、ハナ《ク》シリ、エトロフ迄参り、エトロフ、クナシリ、根室、厚消、白老、箱館の六ヶ所へ陣屋補理の事迄一々所置致したりける三好武三郎と申ける者、それらの事惣而仕舞し、今は若年寄ニ登用せられ、監物と相改めける者の見込ニ而、彼地を多く御拝領ニ相成候而は、中々御手も行届くまし、只一二ケ所を拝領被レ遊而、是を直捌ニ致し、農民相移し、開墾仕候方宜しかるへしと申上るに、大守にては、東蝦夷地一圓にも拝領致し度と、強而願ひ給ひけるに、比しも霜月十六日、仙臺侯の芝邸へ、赤門侯を茶の會に招きニ相成候時、御供ニ参りて宇津木六之亟事、其次席にて、監物ニ向ひ、此間より段々九八郎殿を以て御願入候通り、夷地拝領ニ相成候ハヽ、其場所を私共領分藤野㐂兵衛へ御請負被二仰付一被レ下候哉に《と》相《頼》願候所、監物答ニ、夷地拝領之儀者、土地開振《拓》致候様との為に被二仰付一候義ニ附而ハ、國元領民を差遣し開墾仕候心得ニ御座候、拝領仕る共是迄之通り、請負人エ相渡し候て《ハヽ》、やはり是迄之如く開らけ仕ましく、全開き候御趣意ニ附、今般被レ下候事は《と》私ニおては存る由相答候処、其座は其一言にてしらみ、六之亟事申候には、それは御尤之儀ニ御座候と申、相分れ、是よりして、六之亟、監物に遺恨を含てそ帰りけるに、其座に有り合秋保某、橋本某の両人は、是そ天の与へなりと、九八郎事、翌朝早々も赤門邸に致り、六之亟ニ向ひ、是迄段々御願被レ為藤野㐂兵衛儀、何卒と存、主人陸奥守は不レ及レ申、年寄共も段々申聞候処、領内之事さえ、未た人民不足ニ御座候所、幸之事も御座候間、喜兵衛へ是迄之仕法通り萬端任セ度由申、最早左様相定り候処、三好監物義一人ニて、右様之義不二相成一趣申聞候、是にて何《ハ》か深き所存も御座候と存候由、同人事は、蝦夷地エも両度迄参り、箱館町人共ニ懇志之者も澤山御座候ニ付、其内福島屋嘉七と申者エ任セ候存念かも不二知ら一由ニ御座候、同人ニ於而、中々承知不レ仕候、其上、掃部頭様御事、平日酒席等にてハ、種々悪口等も仕候由、言を飭りて申候処、六之亟、昨夜監物之答ニ立腹致し居候処、又々只今九八郎の申に随ひ、ます〳〵怒り、當時我が意に負候者誰か有レ此、監物こそ三日を不レ待目ニ物見せんと、其日は三人ニ而他人を接見えす、密談相定り、両人を待たセ置、赤門侯へ申上候処、侯大ニ怒り有レ之候と申事ニ御座候、夫よりして、六之亟事、九八郎ニ向ひ申候には、兼而願置候処不二相成一趣、掃部頭へ申聞候てに、掃部頭申候は、監物事、此方より以、手前段々頼入候義、自己の勝手を申達、弁に任セ、我等當時天下之大老を相勤居候者へ、恥辱を与ん計に、無下ニ相断候段、実ニ不届也之者也と陸奥守様へ申上られ候様、六之亟、九八郎へ向ひ申候を、九八郎、其段一分始終言葉を飭りて陸奥守様へ申上候を、大ニ御驚被レ為レ遊候、早々監物事御呼出ニ相成候、以二書附一御達しと

在上之御方之御耳ニ立候事を申候段、不届ニ附、即刻國元に罷下り、急度相慎可二罷在一候者也

未霜月十八日

被二仰付一、其夜出立仕り、閉門ニ相成候、実ニ可レ歎次第ニ而有レ之候事也、左候を、惣而仙臺之方之事は、宇津木よりも内意〳〵にて、此後は橋本九八郎、芝田周防の両人ニ而國政を専らにし、翌申三月三日一件の後ニも、五百人程赤門エ加勢を遣す國元迄と申送りし事等有レ之也、依而、九八郎は赤門組の取持ニて、公儀より御時服も拝領被二仰付一候事有、場所之儀は、不レ残柏屋㐂兵衛へそ相任セ候様ニ

定りたりける也、
扱、其比ニ成、大略被下場所割も相成候、御家〳〵にて懸りも定りしか、佐竹家ニてハ、渡邊泰治、庄内様ニ而ハ山田某等ニ、宇津木、冨田之一言無異儀承知仕候、然るに會津家ニてハ、大守様御留主ニ而は御座候ひ、家老横山監物、若年寄神保内蔵之介、留主居ニ而ハ石澤民衛、懸りニ而取扱居候所、宇津木、冨田の願之通ニも其地所拝領之上、御返答申上候由を以答置候処、會津家エ之御達ニは、紋別、舎利より根諸領西別ツ（ママ）まてと内沙汰有之候、仙臺家ニは白老、十勝、久南尻、恵土魯布、根諸はニシヘツ以南、其外シコタン島ニと申候處、仙臺家之方は、場所向之事、是迄惣而取扱居候三好監物下り後ハ、彼地之事委敷者も無之候間、何の氣も附かす候有之處、會津家ニ而ハ、西別之儀は、根諸第一見込候鮭漁場にして見込候、金高此處ニ有るよし申候事と承り、西別之儀は、是非此方へ御渡し被成下候様内願致し候ニ、六之亟答ニ、其儀ニ於而ハ、未た何れへも相定り不申候事故、如何様ニも骨折候間、何卒御拝領之上ハ柏屋㐂兵衛へ御請負被仰付下候様答候間、會津家ニ而は、直捌とは思ひ候得共、其儀国元まて相伺候処、肥後守様へは、何か井伊家ニは別段御懇意之由ニも有之候ニ付、御願之通り之藤野へ相任セ候様返書参り、左様ニ相成候、右ニ付、西別は會津領分ニ相成候ひて、元形の如く、藤野請負被仰付候ひける、
然るニ、箱館ニて、當時、十勝、ホロイツミの請負人と成御用達を相勤福島屋嘉七といへる者有、此親ハ、江戸ニ而、元夜鷹蕎麦を賣候者なりけるか、ふと此地へ参り、博徒ニ高利の車銭三文附等申、

彼地ニ無仕方の銭を貸、是ニ大利を得て、其より松前将監と中家老へ取込、ホロイツミ、十勝を請負して、其比は昆布の直段安かりしか、近年段々上りしより、莫大の金を得、當時餘程の身元ニ成申候か、此者河津三郎太郎の臺所を持て、河津の金子は皆此福島屋なる者の名前ニ而在方へかし、内々河津の金と申事誰しらぬ者無故、一文も損をかくる者なし、依而又、嘉七も自分の金をも内々ニは河津の金となし、六ケ場所の仕入金ニかし、ます〳〵大利を得、近頃ニ到りては、栗原十兵衛と申者の名前ニ而、三郎太郎船を四艘作り、是を福しまやニ任セ、廻させ等致し、惣而蝦夷地の方は、此福島や、三郎太郎両人の胸算ニ出候様ニ成り、六家エ土地引渡之時も、通辞と致し、嘉七事、杉《本ノママ》浦嘉七を致し、乗鞍馬ニ乗セ、召連、其より三人扶持を遣しける等、言語同断之依姑之沙汰を致し有レ之候、此者、十勝の請負を致し居候間、是を柏屋へ遣し候様ニ成而ハ、是又困り候由ニ而、内々河津より堀織部正へ願状を廻し置、元堀家の部屋の役割を致居候土方の忠次郎と申者を、嘉七世話致し、元手をかし、箱館大町なる荳(ママ)腐屋と見る者養子ニ入、萬事内用事ニ召遣ひ居申候か、十勝場所、仙臺家エ被レ下候と聞より、此者へ金子五百両を持たセ、其餘入用之処は、日本橋より石屋治右ヱ門方ニ而請負候様と致し候上ニ、此者を堀家の用人郷昇作方へ滞留致し、先第一ニ、昇作へ金弐百両遣し、惣而堀鎮臺の前を能く取なし呉候様願、仙臺家の方は、巳年、堀鎮台ニ供して、蝦夷地を廻りし堀の家来同様ニ成居候玉虫左太夫と申書生の有けるに、此者、仙臺にて、聞抜役と、申諸方の事を聞抜て、内々君侯へ申上候事を相勤、身分は未た次男ニ而、表人ニ無レ之候得共、人の悪事を告る役故、至而権有て、誰も皆恐れける者也、近比仙臺ニ而、照魔鏡ものわ附と見る者の出来候時も、いらぬ物わ玉虫の聞抜言上――とありし位の事也ける、是ニ金子百両を相与え、外留主居秋保、橋本の両人へ百両も遣し願候に、秋保は餘程此金子を辞し候を、橋本の申候ニは、元来十勝之儀は、是迄も福田嘉七請負場所の事故、元形の通り、根諸、クナシリの儀拝領の場所は、柏屋へ渡し候様申聞候ハヽ、宜敷由申候處、其節仙藩へ相定り、十勝場所あら方嘉七と先相成候ニ付、十分福しまや、河津、郷、玉虫は金銀の蔓をそこしらへしと日々相祝ひ居、此上ニも福島屋を會津の方へも出入ニせんと、昇作、會津家へ願入、備頭河瀬十次郎と申留主居格の者之侍と致し、蝦夷地へさし遣し、河瀬を嘉七の別荘ニ止宿させ、惣而世話を致し置そ大膽なりける也、

扨、又爰ニ一ツの入接かし話しと云は、其比浄瑠理坂なる水野土佐守様ニは、赤門侯の左翼として、何事も悪事と云は御相談ニ成候時なりけるハ、彼地《ニて》は鯨漁心願ニ而三万両之拝借も内々は聞済ニ相成居候處、三月三日可」憐、赤門侯も桜田門外ニ而首なく成玉ひしニ附、宇津木、冨田を以當年蝦夷地引渡し御用相済候ハヽ、鎮台へ一足飛の内願も先空敷とは思えとも、折角致したる事故、先調として鈴木尚太郎を遣し、引渡ニ而、定役堀内幾之進ニ福島屋を杉浦嘉七と号、通辞役とし、此御用相済候ハヽ、定役格ニ申上ケ遣し候との内約ニて、右様之町人を帯刀致させ、召連行、御目見已上之幕臣も在住と致し、参り居候処へ乗鞍を置、同道致し諸大藩の備頭目附等ニも家柄の人も有」之候処へ、嘉七を御家人同様ニ為二取扱一行候事、第一公儀を蔑ニ致したる仕方也、西地シマコマキ、スツキ、スツヽ

を津軽家へわたし、濱増毛、ル、モツヘ、苫前、天塩、テウレ、ヤキシリを庄内へ引わたし、増毛、宗谷、リイシリ、レフンシリ、江刺を佐竹家へ、紋別、舎利、根諸のニレヘツ《シ》川より北會津家へ、クナシリ　エトロフ　根諸、西別の川の南の方、厚消、十勝、白老并シコタン諸島を仙臺家へ、緄別、エリモよりモロラレ《ン》、會所元迄とレフンケをは南部家へ引渡し済ニ成候得共、如何ニか致すべさ事も有《あら》ふかは、胴と首と離れし上は、仕組の機関、皆原切ニそなりニける、河津の鎮台も及ひなし、嘉七の定役格も稼きそん、水野の内願、鯨猟元手の三万両の手元ニ残るは願書の案文、藤野か目論、蝦夷地大半と思ひしも、最早如レ此相成候而ハ、惣而元の請負人の通り、其者へ任セ候様との此の如くなる上ニ鎮台よりの一令ニ御言葉ニ洩ますまゐと同致しけるニ、エトロフの請負は伊達栖原、厚消の山田、十勝の嘉七、白老の野口屋、天塩、苫前、ルニモツへの栖原、濱ましけ、増毛の伊達林右ヱ門、其外南部家、津軽家請負人等も、去秋より冷《ひや》りと致セし其胸も、今は安堵の思ひをなし、また是迄に一倍ニ蝦夷人共ニ芳責の業を尚るよし、あな恐ろしき宇津木、河津の心根そと思ふよし、三年の間此方彼方より聞取る話しを、其順序席の大畧を一冊として後世ニ傳え置もの也、

北邊危言畢

（註）本書所載「幕末の日露交渉と『北島志』の編纂——水戸藩における北方領土研究の意義——」（第1編・第三章）・「松浦武四郎と水戸藩」（第一編・第五章）参照。

二　木村謙次自筆『古農至孝餘慶記』

水戸藩は、徳川治保（文公）が第六代藩主に就任すると共に、農政の改革、孝子節婦の表賞等、いよいよ善政の機運が生じて来たが、その中でもとりわけ木村謙次の著した岩手村（金砂郷町）の孝子立原音吉の伝記『孝子音吉傳』(註)は、世の中を稗益すること大きいものがあつた。特にこの一編の書が機縁となつて、上州新田郡細谷村（群馬県）の草莽の臣高山彦九郎が、天下野（現久慈郡水府村）の木村謙次を訪ねた（寛政二年七月六日）ことは、水戸藩内のみならず、他藩にも大きな影響を及ばさずには措かなかつたのである。

時に謙次は、立原音吉の父佐兵衛の出自が未だ詳らかでないとして立原家を訪れ、聴取り調査を行ひ、まとめたものが、以下紹介する『古農至孝餘慶記』なる書である。この書により、佐兵衛の積善、音吉の孝行、立原家の出自等詳細に知ることができる。

原本は筆者蔵である。

翻刻にあたつては、原本の形式や表記法をできるだけ尊重したが、読者の便を図るため、次の諸点について配慮した。

(一)　一八八ページ二行までは原本のままとし、それ以降は筆者が句読点をつけた。

(二)　適宜、返り点をつけた。

(三)　平仮名・片仮名はそのままとし、変体仮名は全て平仮名、片仮名に改めた。

(四)　本文右の片仮名の振り仮名は原本のままとし、平仮名の振り仮名と文中の（　）は筆者が補記したものである。

(五)　欄外の書入は【　】の符号で、本文中に挿入した。

古農至孝餘慶記

木村謙子虚謹記

寛政改元二月十四日

〇〇常州久慈郡岩手村五霊地。古農立原佐兵衛。一子音吉孝行の事。君上の聴ニ入。さいつ頃御尋有ける。まに〳〵荒増書上にけり。おのれ謙其文を見るに。疎畧にして。其要を失ふ故に。音吉傳を序《つい》つるに。つけ。其起る所を記。〇〇音吉六七歳より。自然に親佐兵衛を拊循《ふじゅん》（なで安んずる・慰めいたはる）して。親ミ渡《ワタ》つ海《ウミ》より深し。其他母。義兄庄次郎。悌従（兄や年長者に対して従順でよく仕へること）和睦。実のはらからといへども。中々及へからす。扨其和する処を以て。自家の席次なと有。さまてもなく。上坐する時も。あれと。こは其拊循の便なる故にして。彼ほこりなる心は、非るへし。人或は是を以《モテ》。弟従ならぬなと云もの侍れど。所謂《イハユル》。ならすに。そしれとやいへる。短行也。僕婢四五たりと。ある家なれと。義兄庄次郎か臥具《ヨルノモノ》まて。朝夕に取はこひ。他に譏る事なし。佐兵衛は。元ゟ臀に敷物して。立居心に任《マカ》セぬ。故《ユヘ》。寒暑の時は。いづれ凌よき方に。心をつけ。室内《イヘウチ》を彼方《カナタ》へ曳《ヒキ》。此方へ移す。浴《ユアミ》する時は。衣《コロモ》を脱《ヌ》き。つゆを拭《ノゴ》ひ。湯の内にして。痛処《イタメル》を拊循す。寝《ネスル》るに至りても然《シカ》也。足をあたゝめ。襟をふさき。佐兵衛苦痛のやうすあれは。子《ネ》に起《ヲキ》。寅《トラ》に臥て。拊循し。其上幾度ともなく。聲をかけて。病を問といへり。かくて十町あまりなる程に。書學の師ありて。行かひけるが。佐兵衛なやミて臥《フセル》を見るたび。更に食をしもせず。一向《ヒタフル》拊循懈《ヲコタ》らす。師にも禮《イヤイ》を以《モ》て退《シリツ》くと云。佐兵衛も又音吉か戻らさる内は。いと苦にやミて。心快からぬと語《ツゲ》くる。天明七丁未之冬。寒氣凜冽の夜。佐兵衛寝覚に臥具《ヨノモノ》の重きをいぶかり。音吉に尋けれは。彼か臥具《キルモノ》を覆《オホ》ひ。彼か身は傍《カタハラ》にふるひ臥《フ》セリ。父は子《コ》に寒《サム》からん事を患《ウレヰ》て。病を励ミけるに。音吉は猶更に心を尽《ツク》す状《サマ》なれは。却《カエツ》而彼カ心を痛《イタ》めん事を。思ひやりて。其後は有底《アリノマヽ》にすと語れり。且佐兵衛病氣いやまして。大小便自《ヲノツカ》ら遠ざかり。一日一夜も利せざりける事侍れば。音吉おもへらく。吾《ワカ》取あつかふ事をなん。厭《イト》ひ玉ひて。枉《マケ》てこらへ給ふならんと。夫より両便の器を。しげ〳〵に洗《アラ》ひ濯《ソヽ》きて。猶々念頃《ネモコロ》にし。薬用の時は。鍋を井上にあらひ。新汲水をかひ入て。燧《すい》を鑽《きり》（火を起こすこと）。火を改め。諸神《モロ〳〵ノカミ》をおろがミて後。煎し服さしむ。すべて心の及たけは。遠近《ヲチコチ》の奇方。名医哲匠の薬《クスリ》。普《アマネ》く用ひさるなし。戊申の冬ゟは薬も功あらされハとて。神仏の加護によりて。病苦を免《マヌカ》れ。天命を保《タモタ》しめんと。あしたゆふべ。神仏を祈る事。老成も及ふ所にあらずとなん。偖《サテ》音吉常《トコシヘ》に。父に向て言ける事あり。甘美の食は多食し給ふ事なかれと。是房事を慎《ツヽシ》ましむるの隠語《ヨリコト》也と。佐兵衛感涙して語れり。又食の冷煖。父の心の欲《ホリ》する所に従《シタカ》ひ。食し終り湯を請《コ》ふ時。今一口も食し給へと。進められける故。いつしか飯も過ルやうになん覚へけると也。〇〇佐兵衛語て曰。養父より已来。人に慈悲をせよとの。教を守《マモ》り。妻とても終に。僕婢等に向ひ。叱《いか》る事もなし。此故にや。十年十五年ほど勤メ来ル下男女あり。家内まれにも。怒りのゝしる色なし。義子庄次郎とても。然り。五六歳の頃ゟ。連《ツレ》來り育《ヤシナ》ひければ。此家に生れたるやうに思ひ。つひに実父母の家に。宿せし事もなし。今音吉に心を尽され。猶養父母に孝を尽す事の。まだし足らさるを。愁る也。彼音吉書學等の事も。去年中ゟ内にて學ける故。進む事も。疎《ウト》かりけれは。他へ行ても。我か事をのミ。念慮にはなされば。我も又音吉を見されは。心に苦労たへす故に。ミす〳〵日を空する也と。思ふに学問書學までに。心を尽さは。煩労して。病む事あらんと。いと殷勤（ねんごろ）に語れり。

寛政改元二年十一日。孝子音吉か家を尋。其父を拊循する有状《アリサマ》を。見るに。とこしへに父の後ェに侍り。毎事に問て。後其事に従ふ。其進退父に従をもて。楽《タノシミ》とす。父を拊循するを常とす。幼にして。斯の如きは。至孝の自然と。言《イヽツ》へし。

今公（六代藩主徳川治保・文公）立ていくはくの年。儒教を尊信し。教化の及ふ所。豈他有ンや。

実に今公の徳。庶民を感ずる所也。今佐兵衛養父母を思慕する。是積善の餘慶と云へし。孝子不レ匱。永錫二爾類一。是之言乎。宣哉一郷の富農なる也。

〇〇〇謙佐兵衛に問て曰。汝か父祖代々。積善の事ありて。しからん。言継語継にしも。あらすや。」我はナンチウ年。已前此家ゑ婿となり来れり。僅に養父の教戒ありて。慈悲せよとなり。且我は幼年ゟ。多聞天（福徳を守り北方を支配する毘沙門天）を信して。其霊によて。幾度も。
　病を救われたり。霊夢の感ありとて。語りて曰。

今は廿二年前《サキ》なりける。冬二月廿四日ゟ。孝子の親佐兵衛。寒邪に当り。心氣恍惚として。人事を不レ省。其三十日《ミソカ》頃に至りては。膳《カシハテ》を進るとも覚へさりけり。己丑正月朔日《ツキタチ》と云暁《アカツキ》。夢の中に笈を負たる。天童《ワラハベ》一人枕上に来立て。曰汝《イマシ》か臥病《ヤモフ》今日ゟ治すへし。既《ヤガテ》多聞天天降《アモリ》ます。よく〳〵拝すへしと告去《ツケサル》。夢中に再拝稽顙《オロカミカシコミ》すれは。的然として多聞天いませり。身に甲冑を帯し。鉾を以て。身上を三 匝《ミタヒメグリ》拊循し給ふて。其夢は。たゝに覚にけり。則起坐せんとするに。目眩す。枉《マケ》て頭《カシラ》をあけ。妻《ツマ》を呼ひ。浴《ユアミ》せん事を謀る。養父母及《ト》妻らは。熱病《ウヤミ》の妄語《アタコト》也と云に。稍《ヨウヤ》く夢を告《ツケ》て。さとさしめ。面《ツラ》及《ト》手を盥《ソヽキ》て。正室《オモヤ》へいゆき。燈花《ともしび》を點《とも》して。多聞天を拝し。やゝ有て炉上に来り。起息《ヨリカヽリ》居せり。其後臥するを好まず。日にけに病癒ぬ。爰に於ゐて。信 心《タフトキココロ》往日《サキノヒトミ》に倍《マ》せり。偖《サテ》其ゟ。鞍馬山多聞天を拝せんと思ふにつけて。いつしか信貴の霊現に感し。頓にまからんと。思へとも。何国《イツク》なるをしらす。一日省親（帰郷して父母の安否を問ふ）の時。僧京師《ミヤコ》ゟ帰に會《アフ》。則問に彼僧《カノカンナ》は。信貴山の下《フモト》に住せりとて。来由行程《ユヘヨシミチノリ》迄つばらにをしへられたり。

和州《コレハ宿坊ノクニワリ》　信貴山朝護孫子寺光明院住大阿闍梨興厳

明和七庚寅正月といふに。一僕を従て。伊勢ゟ信貴山におもむく。則二月二日着て【行程二百二里】。廿一日断食斎宿せんと欲《ホリ》す。宿坊光明院これを制して云。霊験《ミタマノサカ》あらたなるはいふも恐あり。浪華。境。郡山。近国《チカキクニ》の信者。一七日も断食する事あたはす。往古紀南の僧《カンナ》。廿一日断食斎宿す時に。身體軟弱《ムクロヨハリ》。立ことあたはす。拊循して後。輿にて送帰せし事ありと傳ふ。足下《イマシ》は殊に遠国《トオツクニ》の人也。一山の僧にはからざれは。一七日も許《ユリ》かたしとて。即《ヤカ》て十院の僧にはかり。十一日の数《ヒカス》を許され。直《タヽ》に三ゟ十二日迄。断食斎宿す。志願終り【十二日の朝霊前に拝跪スルトキ心神疲勞シテ恍惚タリ何ケトモナク僧金ノ鶏一雙雌雄ヲサツケリ其言に人慈悲セヨト云リ鶏其□タリニ動揺スルト覚ユ心神定リ見レハ無シト寛政改元三月廿九日ニ語レリ秘シテ其以前ハ語ラス】。すてに帰ルにのぞむに。光明院和尚の云《イヘラ》く。さいつ頃。□女院御幸《イテマシ》の時。賜《タマハ》りたる。宸筆の和歌あり。足下《ソコ》に贐《ハナムケ》せんとて。捜索《アナグリ》するに見へす。事不信に似たりとや。思ひけん。かさねていはく。當《コノ》元日某《ソレ》の畫工。朝廷に召れ。命《ノリ》ありて画する所の梅あり。我《ワカ》弟子京にいたり。彼《カノ》画工か家か得《ウケエ》て。珍蔵す。されと此《コ》をもつて不信の疑を釋《とか》んとて。贈《ヲクリモ》したる《ノニセ》。且　勅璽（天皇の御印）やうのもの押《あずかり》たり。則得て帰り。今に佐兵衛か家珍となる。

○○謙これを見るに。墨梅華人の画に髣髴たり。落款《ナイン》は。画右に特賜画院侍□詔親衛録事参軍兼泉州勅史調音とあり。上《ウエ》の印白字にして。武章鼎書の四字有。下の印朱字にして。字余充聡と見ゆ。充聡の字未レ審也。画左の上に。庚寅元旦祝墨。とあり。文字のさま行書也。且祝の右傍に丸印あり。所謂　勅璽と云ものにして。能是をよめす。五獄の真印也。恒字上にして。嵩の字中。衡字倒《さかさま》になり。泰の字右に横たわり。華字左に横たわり。其間に二字ツ、あり。恒泰の間に。福如。泰衡の間に。東斬。衡華の間に。山南。華恒の間に。北壽。圖左ニのす。

サシワタシ壹寸二分　和邦假根尺周圍三寸九分

三月家に帰る。十五日の夜の夢に。ゆくりなく。須弥（太陽がこの山の陰に入れば夜となり現れると昼になるといふ海中にある大山）の北《キ》裏《タ》に到ル。天童云。汝《イマシ》何ゆへに来ると。答曰。多聞天を信するか故也。天童云。此須弥の北陰《クカビ》にて。多聞天の領《シラ》し給ふ所也。塵界の金銀の主なる故に。ミよ〱土沙草木悉金色也。善哉《ヨイカナ》汝《イマシ》か来る由《ヨシ》。我《ワカ》多聞天に奏せんとて。一門に入《イル》。戒て言。此内を覗くへからす。もしあやまつて窺《ウケロ》ふ時は。爾《イマシ》家に還《カヘ》る事あたハずと。則其言の如く守ル。暫《シハシ》にして出て。曰。天汝《ナン》か信心を愛《メグシ》と。おほし給ひ。懸《ケ》泉《キ》（滝）に出現し玉ふ。いざ共に拝すへしとて。到れば。

金銀界の飛泉（滝）に。梵文いちじるし。おほへず合掌再拝し。しハし心たゆたふ内《ウチ》。又本のひし。天童曰。汝《ナン》らの猿《マシラ》に乗し。家に帰りて。後必繁昌公卿と云事忘るへからすと云。已《ステ》に乗して去ルと。見て夢は覚たり。信仰猶心肝に銘す。後僧に向て。梵文を問に。夢中の梵文。今僧家多聞天の梵文にたがふ事なしとや。夫ゟ安永三甲午。通風を患ふ。いまだ全快ならさるに。将《ハタ》眼疾を患へ。治療つくすといへとも。病苦をまぬかれず。たゝ露命をつゝくのミ。天明七丁未。庸醫（やぶ医者）の為にあやまたれて。腰脚更に立事あたわず。朝暮蒲團に乗し。室中曳れ行のミ。爰に久米村なる堀江某《ナニガシ》。愁見て猿《マシラ》の皮を贈り。これに乗レ曳れよと云。誠に先耳の夢に感する事ありとなん。」一時に佐兵衛。養父母に仕ふること。其親生《シタシミ》父母に違わす。養父母も。又実子の如し。常に教をほとこすに。他《ホカ》なし。唯貧《トモシキ》を救《スク》ひ。人《アダヒト》に慈悲する事のミ。天明四辰の春。飢饉の患《ウレエ》ある時。正月ゟ―五月迄。乞食《モノコヒ》五千人ほどに一飯ツヽあたへ。寒にたへさるを見ては。服《キルモノ》をあたふ事。凡《ヲヨソ》十あまり。兼て曰。縦《タトヒ》ひ富といへとも。百年の後。はかりかたし。かゝる飢歳ハ。一代一度も無き事なれば。貧《スクナキ》を振ふに。しかじ。いかに穀《タナツモノ》を蔵すといへとも。饑莩あらば。来り我蔵をうばわん事。目前也。於是《ココニ》正月ゟ。俵替に貸出す事。三月十七日迄。凡百五十表餘也。一日里正《ヲサ》なるものゝ家に到る。公厮《オヲヤケ》ゟ檄書《ツギフミ》を以て。佐兵衛か貸処の多少を問。佐兵衛心已《ステ》に惑ふ。固《モト》ゟ公厮の煩勞にあづからす。貸《カサ》ずして煩勞あづからさるに。しかしと。則里正に請《コ》ふて。其俵数を減して。八十五俵と書あけたり。凡《オウリウ》は五月迄に。麦籾三百餘。所レ貸の村数。十五六ケ村。自《ミツカラ》解して思ひたく。附貸の姓氏を記さは。後々必忘れ難からん。

何そ記するに及ん。若《モシ》かしこき事となん思ハヽ。自持来るへし。貧にたへすは。却《カヘ》而施《ホトコ》さん。かるもの皆掩涙して帰ル。其後郡吏の過賞を蒙り。村民を拊循すと。約せしゆへ。辰の秋まで百五十俵貯たり。是麦と稲と。不時の変にて。虚耗ならん事のはかりなりと。暫《シハラ》く後に自《ミツカ》ら語れり。天明八戊申春。妻なる者の宿願にて。一間四方の小祠《ホコラ》を建。多聞天を安置せり。うべなる哉。佐兵衛養父。軍蔵人に金《コカネ》を貸す事を好。兼て曰。利潤を治《オサメ》たる者《モノ》へは。已後多《サハ》に貸へし。是励す語也。損失あるものには。利を取らす。又損失を償ひ。其後更に貸事をせす。是貸ざれハ。損失もあるまじとて。常〳〵悔けると也。且人の善《ヨキコト》を聞ては。喜ひ。悪《アシキ》を聞ては憂ふ。全《マタ》く父祖《チヽヲヤ》代々。積善の家なる故にや。いと〳〵たふとむべき事なり。

△孝子音吉父族

常州多賀郡下孫村　家紋三亀甲

○永山與兵衛

元来、南領牛堀村ノ近村、永山ヨリ來る、与兵衛ヨリ、三家ニ分ル、

三男對馬

里正トナル

善次衛門

與太夫
子ナクシテ、油縄子村、島崎善次平ヲ養子トス、不縁シテ後、弟林介ヲシテ、家ヲ継カシム、
然ルニ善次平怒リニタエス、殊ニ村内善次平ヲヨシトシテ、家ヲ作リ、島崎氏ヲ名乗ラシム、
終ニ里正トナル、後失敬シテ家産ヲ破レリ、性畫ヲ好ム

男　高貫村田所三衛門婿トナル

男　林介　兄與太夫カ嗣トナル

女　滑川村ヱ嫁

弥之衛門　別家ニナル

善次郎　別家ニナル

林介
實ハ弟
會瀬村大内吉郎衛門男ヲ婿トス　家紋三カイヒシ

女

女
水戸士人土屋善左衛門妾

女　太田本珉室

女　竹屋忠衛門室

女　樫原善衛門室

女

男　佐兵衛　孝子音吉ノ父ナリ

男　永山氏ヲ継ク
佐竹浪人ナリ、兄弟ノ内、秋田へ行ナリ、一人ハ岩城矢合《ヤアハセ》ニ浪人シ、系譜等ハ、神谷《カベヤ》ノ八幡宮ニ収ム、ト云傳フ、

△孝子立原音吉母族

常州久慈郡岩手邑五霊地　古作五領地。蓋五霊明神鎮守也。此社義公廢淫祠之後、土人之所合祭ニ。

○立原　家紋　橘

○傳衛門

辰野口村某氏ヨリ娶ト云。此傳衛門富有ニシテ。千金ノ富ヲ示サント云。時年四十二。兄弟ノ内僧トナリタルモノ。法華千部ヲ讀經セシム。未終シテ死ス。僧系譜ヲ請テ。モ、村地蔵院ニ収ムト云傳フ。千部ノ守ト云モノヲ見ルニ。天和元辛酉暦十一月吉祥日。岩手寶蔵院宥見示之。立原文之亟殿トアリ。位牌ヲ捜索スルニ。元禄七甲戌五月十日。法印宥見ト云アリ其間十四年後ナリ。按スルニ宥見ナルモノ弟ニテ。僧トナリ。傳衛門ニ千部ヲ勧メタルナルヘシ。其後元禄十五午ノ位牌モアルナリ。其以前ハ悉ク不得見。

女　三人

謂傳ニ嫡女同村松山飛田氏ヱ嫁ス。嫡女タル故ニ。父死ノ後。財ヲ持行ト云。今猶富豪ナリ。一人ハ天下野村エ嫁シ。

一人ハ部垂村エ嫁ト云。

男　二人

大里村一本松ト云所ヨリ。某氏ノ女ヲメトルト云。按スルニ文之亟乎。餘子一人ハ未審。

女

松山飛田氏ヨリ婿利介来ル

女　大門村カヤノエ嫁ス其子黒羽嘉平次ト云

男　隠居アトヲ継ク傳衛門別家ニ成ル今ニ存ス

軍蔵

磯崎村高畠瀬兵衛女ヲ娶ル

女　下利員村岩間甚兵衛妻ナリ

仙衛門　別家ニナリ今存ス

サテ軍蔵ヱ高十六石。仙衛門ヱ高十七石。分テ譲ト云リ。蓋軍蔵所持ハ。良田ナリ。仙衛門所持ハ。其内壹石ホト悪田アリ。軍蔵好テ十六右ヲ得ト云リ。後軍蔵四十餘ヨリ。千金餘ノ富ヲナス。

女

名サク【サク年四十八】ト云。多珂郡下孫邑永山藤左衛門男ヲ。高貫村田所三衛門媒人ニテ婿トス。

佐兵衛年五十二。孝子音吉母

女

松山飛田次衛門ヱ嫁ス。子アリ不縁シテ。太田村猿田市十ヱ再嫁シテ死。

庄次郎

義子。実ハ姪ナリ。大方邑堀江茂衛門女ヲ娶ル。各里尾ト云。此ハ佐兵衛子ナキユヘ。松山飛田氏ヱ嫁シテ。

出生スル。次男ヲ六七歳ヨリ。義子トス。其後音吉生ス。

浅吉《アサ》

音吉　安永五丙申二月廿八日生

寛政元己酉

高四拾壹石四斗六升四合

人別五人　下男四人。下女二人。馬二疋。

土蔵一。板蔵二。上金百兩。但三人扶持頂戴。

年来御用金

此時御郡奉行御遠慮ニ付名代として麦作御見分通り成□と相見へし

○寛政元年五月十二日御郡元〆渡辺源右衛門殿ゟ称美。

○同年八月廿二日竹合村ニ而御郡奉行岡村弥左衛門殿ゟ称美。
○同年十月十一日水戸へ被二召出一岡村弥左衛門殿書院ニ而御褒美。

書付之寫

岩手村佐兵衛枠音吉

一籾五俵

右之者左兵衛と申し。高三拾九石致二所持一。家内五人ニ而。下男女六人。馬弐疋有レ之。勝手相應ニ而。先達而御奉公振も有レ之。三人御扶持被二下置一候者ニ候所。拾五六ケ年已前ゟ。痛風相煩。其上眼病ニ而四年以前ゟ盲人ニ相成。歩行者勿論。寝起兩便等迄。自身不二相成一候所。右之者當年十四才ニ相成候得共。朝も早天ゟ起。手水支度致。薬用者勿論。湯茶給候にも。下女等には不二相懸ケ一。自分ニ而取扱。昼夜付添。手足ヲ揉ミ。食事等も病人心ニ叶ツ、物ヲ自分ニ而致二用意一。相進メ。病中も病人不二相休一内ハ。何時迄も側ニ罷在。休之節ハ夜具等取繕。寒夜ニ者自分ニ煖メ為レ着。寒氣烈《ハケシキ》夜分ハ。何時ニよらす。病人ニ不レ知様ニ起キ。着服等心ヲ付。扱又兩便等之取仕抹。人手相懸ケ候儀不二相成一由ニ而。壱人ニ而取扱。長病ニ候得共。怠懈之色不二相見一。万事病人任二心底一候様ニ取扱。此上是非快氣為レ致度心底ニ而。神社佛閣へも宿願相懸ケ。村内鎮守之者。日参致。尽二孝心一候段。相聞。若年者ニ者別而□成志し奇特之至候。仍レ之為二御褒美一。籾被二下置一候条。為ㇾ取不ㇾ申者也。

右之書付十月十四日辰蔵同道して相尋音吉宅ニ而拝見写来ル　木村謙次郎

◯◯寛政元己酉年十一月二日。御褒美之祝として諸親類知己を饗ス。謙次郎此傳を書記せし故にて。十一月朔日ニ使ヲ以て被ㇾ招時に岡田へ行。他出故に。二日大門村黒羽氏へ山宿もはかり難とて使ヲ遣し。是にも見かけしはかりと聞テ。松平村石井本迄使ヲ遣候よし。

◯◯十月十四日。男辰蔵同道申候。御褒美之見舞参候時約束ニ而。謙次郎も此饗ニ参ル。配膳酒肴後ニ記ス。

◯◯十月十四日。佐兵衛咄ニ。昨朝小池吉三郎様御出。六月中小池源太衛門様御見舞ニ下候節。餘慶記御見せ申候所。御持参ニ成。其後御返却ニ候。其時御咄ニ。京師へ登りニ付。かな文ニかき認。宰相様中山備前守様京都日野大納言様へ御見やけニ被ㇾ成よし御咄ニ御座候所。備前守様ゟ謙次郎書記之本書を見たきとの仰ニ付。申来候よし。小池吉三郎様へ御かし申候。吉三郎様御咄ニ。上へ指上候書。御返無ㇾ之迚御セつき申もならす。副書草稿ニもあるや。猶亦佐兵衛父方系譜は。御とり被ㇾ成候而指上候よし。

◯◯此日辰蔵味柑を持行候間。音吉殿へ進セよと云。辰蔵進候所。不ㇾ被ㇾ食候間。不満にてむりに口中へ押入候得共。更ニ不ㇾ食候。却而辰蔵幼少心ニ憤り見る故。謙次郎辰蔵を制けるなり。然れ

は味柑を壱袋。父佐平殿へ進物なりとて進メ。母上兄へも進て。後に食せしなり

◯◯◯饗應の時。酔ニ乗て。家来衆の名一々承届。銘々對顔を得ル。尤大門村黒羽氏に同意ニ申候。

◯芦間村　藤十年四十三　◯大方村　伊介年五十　◯當村　八衛門四十九

◯塩原村　長十年四十　◯當村八衛門妻さよ年四十

◯増井村　庄次衛妻もよ三十六

◯◯十一月二日饗客　朝村中え餅雑煮ニ而振舞けるよし

夕の客　久米村　堀江捨兵衛病氣不参　太田村　高野昌碩不参

高柿村　荒井友蔵不参書面と韻二首遣ス

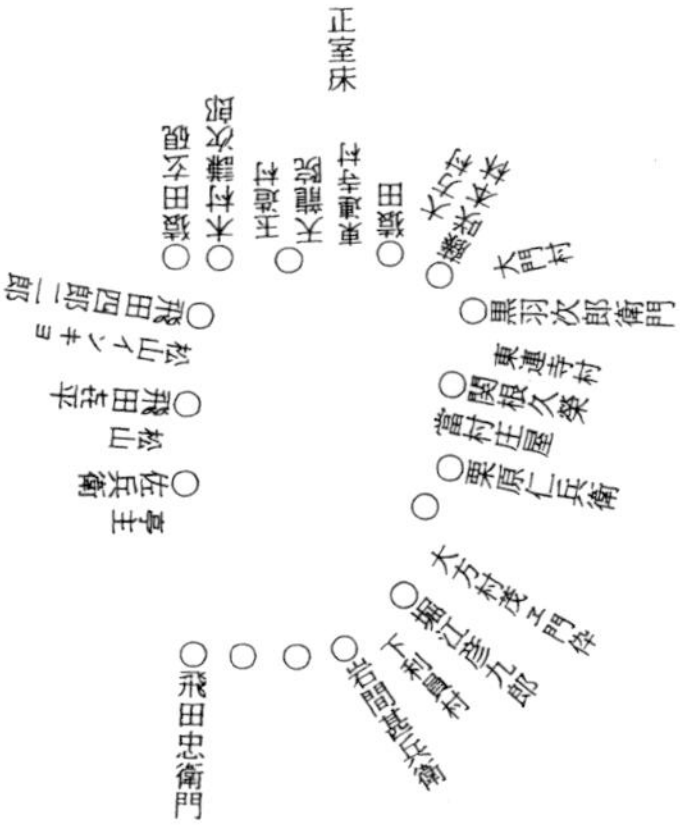

寛政二年庚戌十二月十三日。馬場行館ニテ。青銅壱入候
御賞賜　君上謁見
同三年二月十四日〆同所ニ而謁見。金二百疋御賞賜。
御菓子等賜ル去冬衆人同前ニ賞賜有レ之事　御悔候怡候由
池田源珉え君上御相貌を御寫ニ托候よし
寛政二年庚戌　音吉幼名相改仁衛門と
号すよし

（註）水戸市長谷川實氏所蔵の木村謙次の自筆草稿集『礠諸集』の中に「孝子音吉伝」の草稿（原漢文）がをさめられてゐる。後日改めて史料紹介したい。

三　木村謙次と『海防下策』

茨城県立歴史館には北方探検家として知られる木村謙次の編著書が三部所蔵されてゐる。一は『海防下策』で享和三年作の海防論である。二は『蝦夷日記』（長島家文書・写本）で、謙次が寛政十年の蝦夷地探検に近藤重蔵の従者として加はり、択捉島に「大日本恵登呂府」の標柱を建てて来た時の記録である。従来全くその所在が知られてゐなかつた貴重本である。三は『惻隠語録』（写本）で、寛政から文化年間にかけて育子の法や論を集録したものである。

著者木村謙次は宝暦二年（一七五二）、現在の久慈郡水府村天下野に生まれた。幼少の頃東金砂山東清寺の僧大雲上人について学び、十六歳の時に水戸の立原翠軒に入門して経史を学ぶと共に、谷田部東壑に医術を学んだ。十九歳の時には京に行き吉益東洞に医術を学び、その真髄を究めたとされてゐる。帰水して後も藩医原南陽について医術を修めた。寛政元年（一七八九）『足民論』を著し、藤田幽谷を介して時の藩主治保（文公）の上覧にあづかつた。また『孝子音吉伝』が契機となつて文公に謁見する栄に浴すると共に高山彦九郎の来訪もうけた。しかし、この頃はまだ北方問題への意識はあまりなかつた。

ところが、寛政三年太田の友人高野昌碩からの手紙を読むに及んで、それまで単なる風聞と思つてゐた北方問題に驚き、北方探検に命を投げうつ決意をし、師翠軒に熱烈なる歎願書を提出するのである。翌年九月ロシアの第一次使節アダム・ラクスマンが漂流民光太夫を送還し根室に来航、通商を要求するや、翌五年正月幕府一行とは別に蝦夷地探検に赴いたのである。その報告書『北行日録』には、ロシアの脅威と南下の目的、併呑の方法等に触れ、蝦夷地の無防備と松前の君臣の利欲に流れてゐる風潮を慨嘆してゐる。この探偵の経験があつて、寛政十年の蝦夷地探検には幕吏近藤重蔵の従者として抜擢されたのである。

晩年は藤田幽谷、会沢正志斎との交友が注目されるが、北方ロシアの侵寇を憂へ、ままならぬ世の中を慨嘆しながら、文化八年（一八一一）六十年の生涯を終はつた。

さて、『海防下策』は、謙次の三部ある海防論の内の一つである（他に『海防再議』『夷狄防禦論』）。歴史館所蔵のものは、昭和四十五年財団法人日新塾精神顕揚会寄贈の写本である。謙次はこれを秘蔵して人に示さなかつたが、その稿本（自筆本）には自ら、

考稿数回　思慮周旋
忠臣必用　義士秘鑑

と記したほど力を尽して書いたものであつた（但し写本には記されてゐない）。その内容を見ると、

今ハ昔、欧羅巴ノ赤人、船艦ヲ運シ、我北塞ニ来リ、甘言欺訣ヲ以テ、隙ヲ窺フトノ誣説ニ上下

紛擾ス、予モ亦以為ク、百王一姓、目出度キ、国風ニシテ、唐山ノ如ク、韃靼ノ正朔ヲ奉センナトハ、賤民我カ如ノモノト雖モ、口惜キコト限ナシ、若近ク来リテ、廃怠ノ主兵、驕逸ノ客兵ニ当ラハ、勝敗ハカリカタシ、（中略）時ニヨリテ、海防ノコト、イカ、セント思出ル時ハ、寝食ヲ敗スルニ至事アリ、

として以下林子平の『海国兵談』になぞらへつつ、具体的な海防策を展開してゐる。わづか十丁の小冊子であるが、

ヨキモノ持テモ、持人アシケレハ、用ヲナサス

と、海防の基本は人であることを強調してゐる。

総じて謙次の海防論は特にロシアを意識して書かれてゐるが、その本質理解は卓抜してをり、また『海防下策』中には「百王一姓ノ国風」「天神地祇ノ恩」「国家ノ大恩」等と見えて、専ら戦術を強調する林子平の『海国兵談』とも違ひ、根底に尊王論のある全国的に最も早い時期の海防論と言へるであらう。

第三編　研究余滴

一　甲辰の国難と外圧（講演録）

失礼致します。吉澤と申します。前々回、仲田先生から「天保の改革の発端とその発想」といふ話がございました。前回は斎藤先生から「改革の理想」といふことで、詳しいお話がござゐました。本日は、この天保の改革が、順調に進んでをりました改革が、一旦、国難と言はれることで頓挫いたします、その辺の事情と、改革が軌道に乗りかかる頃、今度は外圧が、つまりペルリの来航、あるひはロシア使節プチヤーチンの来航、このやうな心配がされてきたことではあつたのですが、現実に目の前に現れた時に、どのやうに対処したのか、そのやうな問題を含めましてお話を申し上げたいと思ひます。

天保の改革の理想は、私は『弘道館記』に凝縮されてゐると思ひます。「道とは何ぞ。天地の大経にして生民の須臾も離る可らざる者也云々」と始まりますが、『弘道館記』は、烈公やあるひは家臣達が、充分に研究し、文章を練りまして出来上がりました大文章であり、

嗚呼我が国中の士民夙夜懈らず、斯の館（弘道館）に出入し、神州（日本）の道を奉じ西土の教（支那の儒教）を資り、忠孝二无く（忠と孝は一致してゐる）、文武岐れず、学問事業其の功を殊

にせず。神を敬ひ儒を崇び、偏党あるなく衆思を集め群力を宣べ、以て国家無窮の恩に報いなば、則ち豈徒に祖宗の志墜ちざるのみならんや。神皇在天の霊も亦将に降鑒したまはんとす。

「国家無窮の恩」とありますが、これは国体に基づく所から出てきた言葉でありまして、日本と支那の国柄の違ひ、国体の違ひ、支那は革命の連続でありまして、国家国民が度々悲劇に会ひます。その都度歴史が断絶され、あるひは国が分断される、そのやうな支那の国柄と比較して、万世一系の日本の国柄、革命によつて国民は分断せず、歴史が分断せず、日本はそのやうな非常に有難い国である。「無窮の恩」と表現されてをりますが、そのやうな国家の恩に報いる、そのやうなことであれば、先祖代々の志も墜ちることはないだらうし、また御歴代の天皇の御霊も我々の成すことを御照覧賜るでありませう。このやうな意味かと思ひます。さういふところに根本理念があり、かういふ方針で人材を教育する。それと同時に理想の藩や国家を創つていく。かういふ所に改革の理想といふものが凝縮されてゐるやうに思います。

改革そのものについて、今までも沢山お話がございましたが、順調に推移してゐたわけであります。殊に、幕府から天保十四年の五月八日、褒賞を受けるといふ栄誉に浴するわけです。これは『徳川実紀』によりますと「水戸中納言まう上られ御座所にして御対面あり」とあり、将軍と謁見されるわけです。「御手づから包清。毛貫き形の御大刀、御鞍鐙、黄金百枚をおくらせられ、柳間にして吸ひ物。菓子をまいらせらる。」つまり、刀、馬に使ひます鞍、或ひは鐙、そして黄金百枚を送られます。将軍直々に送られます。その改革の功を幕府から賞せられるのです。さういふ栄誉に浴したのです。なほその時に、源義、つまり義公の遺志を継述して、継いで、これからもおやりなさい、かういふ有難い言葉も贈つたといふことでありまして、この辺までは、幕府からも褒賞されるといふことで、これが一つの弾みになりまして、天保十四年五月以降、また烈公は藩政改革を押し進めていかれることになるわけです。

しかし、それが突然隠居謹慎を被りました。およそ一年後です。いはゆる「甲辰の国難」に遇はれることになります。これが一体どうしてなのか。色々虚々実々、中々まとめやうがございませんで、非常に難しい問題であると思ひますが、一般に強調されてゐる、或ひは『水戸藩史料』、或ひは『水戸市史』、さういつた所で言はれてをりますことは、寺社改革が大きな原因になつてゐるのではないかといふことであります。弘化元年の四月に、烈公は幕府から「七ケ条の嫌疑」といふものを受けます。挙げてみますと、

一、常磐山東照宮の神仏両部なりしを唯一神道に改めたること（神仏分離といふこと）

二、蝦夷地国替の儀を内願に及びたること。

三、勝手向不如意にも拘らず、濫りに土木事業を営みたること。

四、弘道館の土手を高くしたること。

五、寺院を破却したること。

六、浪人者を召抱たること。

七、鉄砲揃打を為したること。

このやうな七ケ条の嫌疑でありまして、この中で、「東照宮を唯一神道に改めた事」、「寺院を破却したること」、これは幕府から褒賞を受けた後の事業といふことでありまして、嫌疑を被つた大きな原因であらうと言はれてゐるところであります。しかし、全て天保の改革を進行していく上で、正規の手続きをとつてやつてきた事でありまして、推進してゐる人にとつてはだうしてさうなつたのかといふことがあるわけです。

そこで、しばらく社寺改正といふものはだういふものだつたのかといふことを見てみたいと思ひます。史料を見てみますと、『水戸藩史料』（別記下）ですが、これで言はれてゐます事は、

嗚呼公が不慮の奇禍に罹りたるは幕府の嫌忌僧侶の怨憤及び奸臣の讒誣等種々の原因ありて一朝夕の故に非ざるなり抑も公は夙に幕政の陵遅を慨嘆し挽回の策を講ずるもの一にして足らず殊に世人の睡夢を驚破したる大事業に至りては最も幕府の嫉視（妬み見ること）する所となりたれども公は毫も顧みずして之を断行し或は上言せしが會々毀鐘鋳砲（寺院の鐘を壊しそれで大砲を造ること）と社寺改正とは大に僧徒の不平を招き奸臣亦此の機に乗じて讒説を唱へ竟には幕府の褒賞ありし後僅に一年にして幽閉の身とはなりぬ何ぞ幕府の公に對する前後の措置矛盾するの甚しきや

このやうな事です。そもそも烈公が幕政の陵遅、盛んな勢ひが次第に衰へていくことを陵遅と言ひますが、それを非常に嘆いてをられまして、何とか挽回の策を講じようといふことで、天保以来、就藩以来度々幕府に対して建言を致されます。殊に天保十年には「戊戌封事」、（つまり「水府公献策」と言はれてゐるものですが、）これを老中水野忠邦宛に提出するわけですが、十一項目に分かれてをりまして、当時の幕府政治の腐敗を非常に鋭く突き、それをだうしたら良いかといふことで建言をしてゐるわけです。御存知のやうに将軍家斉の時代から将軍引退後も大御所政治といふものが続いてをりまして、幕府内にあつても非常に風紀が乱れてをつたといふ状態であつたやうであります。家斉といふ将軍は、よく言はれることで、歴代将軍中随一の漁色家でありました。さういふところから、また側近の専権といひますか、独裁といひますか、それに近い人達もそれに輪を掛けて賄賂が当たり前のやうになつてゐた時代であります。さらに大奥の幕政への干渉、これは賄賂を使ひまして、お上の御機嫌をとり、自分の考へを政治に取り入れてもらふ等便宜をはかつてもらつて、そのやうなことが実際に横行してゐたといふことです。そしてその大奥の中には、日啓といふやうな日蓮宗の僧が（中臈の父にあたりますが）、大奥の政、或いは幕政といふものに深い関はりを持つて政治を動かしてゐたと言はれてをります。そのやうな幕政の陵遅の中で、これは改革の必要性がでてくるのは当然でありませうし、幕府も天保の後半頃から、幕府なりの改革にも取り組んで行くわけであります。一つ強調したいのはなぜ改革しなければならなかつたのか、といふところを充分に考へて、天保の改革といふものを見ていかなければならない、といふことだらうと思ひます。賄賂を使つて上がるやうな人を採用してはいけない、或ひは緩んだ士風を厳しくし、或いは悪貨製造をやめて物価を下げる、そのやうな具体的な建言もさういふところから出てくるものでありまして、この時代は内憂外患交々至るわけでありますが、先程申しました「水府公献策」の中では、そのやうなことを逐一指摘しまして、具体的に建言してをられるわけであります。また、外交問題についても、この折にオランダとの貿易或ひはキリシタンの禁制、或ひは侵略の恐れあるものに対しての打ち払ひの徹底、或いは大船を造ることの許可、或ひは当時一番問題になつてをりました蝦夷地の問題（これは後に触れます）、そのやうな事に対しても、外患の問題に対しても厳しい提言をしていかれるわけであります。

社寺改正にもどりまして、その嫌疑を被つた一番の原因とされる社寺改正は、改革の中でどのやうに進められたか、といふことを見ていきたいと思ひます。

先づ東照宮を唯一神道に改めた事ですが、これは嫌疑を被つた時にも弁明してをられることでありますが、改革の目標として、大きな柱として、神道の興隆がありました。従ひまして、治教、政治と文教を一致させて推進する、さういふ方針でありまして、これは初代藩主頼房公、また義公の志を継ぐことだらうが、文面の中でもそのやうなことを言はれてをりますから、当然そのやうな目標でやられたはずであります。就藩前の天保元年、最初の政治改革でありますが、これは葬式の改革でありますす。特に神官は神葬祭で行ふといふことに改めてをります。さらに天保三年には、住職が住んでゐないお寺、或ひは非常に壊れかかつたお寺、さういつたお寺を四十余り破却してをられます。さらに天保四年、就藩以後は村人の院とか、或いは法名、これを唯一神道の立場から禁止する事が行はれました。さらに天保七年からは、大砲の鋳造の為に藩内の梵鐘、或いは鉄仏、これを那珂湊に運ばせるといふことも行はれてきます。そして天保十三年、仏葬祭をやめて自葬祭をそれぞれの家で行ふ、さういつた自葬祭の勧めもありました。天保十四年九月に、結城寅寿と組みまして、今井金右衛門といふ人が寺社奉行になりました。これは幕府の褒賞を受けてから四カ月後になります。これでますます寺社改革が強力に進められていくことになつていくわけです。或いはこの時の強引なやり方が問題ではなかつたかといふ見方も強いわけであります。結局その頃までに処分されたお寺百九十ケ寺と言はれてをりますが、だいたい真言宗のお寺が多かつたやうです。『水戸藩史料』では百余ケ寺とあります。しかし、その殆どは無住の寺で、廃寺になつたやうなお寺が殆どで、全くの破却は十三であつたといふやうに藩の史料には記されてをりますが、義公時代の規模からいへば、かなり小規模だつたといふことが言へるかと思ひます。そして天保十四年の十二月、藩内の神社、これをことごとく唯一神道に改めていきます。そして弘化元年の二月には、石仏建立の禁止、或ひは講、念仏の禁止、寺子屋の禁止、冠婚は神道、神社でといふのが寺社奉行今井金右衛門の下で進められるわけです。

さうした一連の動きの中で、さらに嫌疑の大きな原因となりましたのが、東照宮を唯一神道に改めたといふことです。これに対しては、天保十四年の正月に、実は水戸の吉田の薬王院から上野の寛永寺へ訴へがありました。お寺の大事な鐘を壊すのは困る、何とかしてくれといふことなのですが、最初はお寺の鐘を壊すことを止めさせてほしいといふ訴へなのです。このやうな実情があります、といふことです。それに対してすぐ二月に上野の寛永寺から、お寺の梵鐘を保存するやうに、といふ請求が藩当局にまゐるわけです。それは今井金右衛門が寺社奉行になる七カ月前になります。さらにその今井金右衛門が寺社奉行になつた直後ですが、天保十四年の八月、今度は寛永寺から東照宮別当を旧に復せんことを求む、元の通りにしてほしいといふ請求がありますが、これは藩当局がかういふわけだといふことで許さず。さらに、その弘化元年の正月には、今度は幕府から吉禅院東照宮別当、について質問がございますが、これに対してもこれはだいたい義公以来の家風であり、その一端であるから、或ひはこれは水戸家の国元の家風であるからといふやうなことでご容赦願ひを出してゐるわけです。さういふ経緯がありました。ここのところは本当に判らない所なのですが、最初は梵鐘をやめてほしいといふ訴へであり、金右衛門が寺社奉行になつた後は、幕府も寛永寺も東照宮を元の別当に復してくれといふ要求でありました。

それにしても寺社改革は烈公就藩以来ずつと一連の改革で進められてきた事であり、突然、天保十四年に至りまして重大な嫌疑をかけられたといふことは、何かやはりその背後に大きな原因があつたと見なくてはいけないのではないかと思ひます。その原因を考へます時に（後世色々憶測を呼びますが、当時ももちろん良く分からなかつたわけです。）これは残つてゐる史料に頼らざるを得ないのですが、藤田東湖は『許々路廼阿登』の中で（かういふ時は『回天詩史』にも言ふやうに、死を決して烈公の罪を雪ぐ覚悟でありましたけれども）、次のやうなことを述べてをります。

君は舟臣は水水能舟を浮へ水能舟を覆すと申儀兼々金言とは存居候へ共甲辰の御国難に付き而は右金言別而存當り感服仕候そもそも御国難の起源を尋候に学派にて黨と名つけ候〔学派の説主張仕り尚又天狗の名目申出し候人物等委細御承知被遊候半と相略し申候〕より漸々に醸し成候事にて一朝一夕にあらず候得共其病症のあらはれ候所を以論し候へは小人ども銀次郎虎之介（銀次郎といひますのは両田と言はれて烈公の股肱の臣の一人でありました戸田銀次郎です。虎之介は藤田東湖先生です。）等を蔑し権を専らにせんとたくらみ候より事起り候而恐多くも　老公迄禍に逢給ひ候段水の舟を覆し候と同様に御座候〔小人の謀計今更思ひ當り候事数多御座候へ共事長く候文略仕候〕

具体的な名前は挙げてをりませんが、小人共が、戸田銀次郎、自分藤田東湖を退けて、権力を専らにする。そのやうな陰謀ではなからうか。そこから起こつたのではないかといふ観察をしてをります。そして当初の目的はさうであつたけれども、予想外に、烈公にまで禍が及んでしまつた。これは、文面にあります「君は舟、臣は水、水能舟を浮へ、水能舟を覆す」の「水の舟を覆し」といふのと同じことである、といふことを述べてをります。

それでは烈公自身はこの国難についてどのやうに考へてをられたのか。後に謹慎中に、実は老中阿部正弘と盛んに手紙のやり取りをしてをられました。『新伊勢物語』。阿部伊勢守と言ひましたその伊勢なのですが、手紙のやり取りの中で、又『不慍録』といふ書物の中で、色々回想してをりますことは、この国難を被つたのは、奸臣（邪な人ですが）結城寅寿が、奸僧（邪な僧です）駒込大乗寺の日蓮宗の僧でありますす日華、かういつた者達が、讒説、讒言を用いて幕府の奸吏（邪な役人）鳥居耀蔵といふ役人に取り次いで自分を失脚させたのであらうといふことです。これをかいつまんで申しますとさういふことなのです。

事件の解明は、その当事者の記録をよく検討することから先ず始めなければならないわけでありますが、結城寅寿と僧日華、鳥居耀蔵等が事件に大きく関与してゐたやうであります。

少しご説明申し上げますと、この結城家と申しますのは、そもそもは例の建武の中興の時に南朝の忠臣といはれた結城宗広といふ方がをりますがその家系であります。この結城家は義公時代に、三百石で義公に召しかかへられた旧家であります。さらに五代良公の時には千石まで加増されました。文公の時には結城寅寿の父一馬、これは藤田東湖の『結城寅寿行状記』によりますと、かなり酒飲みで、意気地がなくて、家運を衰退させせた。その子寅寿が、さういふ家運の衰運を見まして、何とか家を再興しなければならないといふことで、励むのです。結城寅寿は小さい頃から才気抜群で知力も優れてをりました。周囲からの期待も大きかつたわけであります。天保四年十六歳の時には、早くも小姓に取立られました。その頃一所懸命に出精をし、さらには本を読み、そして、読書や弓馬で、武士達の相手をしてゐる。そして何よりも貧しい人、貧窮の人達にはお金を与へて、非常に世話をしたさうです。その後使番となりましたが、この頃従兄弟に平尾右近といふ人がをりまして、この人が東湖の言を借りれば大僻物、ちよつと偏りのあつた、ひがみのあつた人でありました。仏法には熱心。この辺から結城寅寿の仏法贔屓が起こつたのだらうと推測されてをります。それはともかく、天保十年には岡崎采女の帰国に対して、その邪魔をするといふやうなこともありました。さらに天保十一年、小姓頭に取立られる。ここでは非常に感心してをられるのですが、寅寿は色々な物事の処理が非常に精密であり、確かであるといふことで東湖は感心してをられます。その時に結城寅寿は奥右筆内藤市松と共に、藤田東湖宅を訪れたことがありまして、若年寄、これについて文句をさんざん言ふわけです。若年寄はべらばうである、こんな役はつまらない、不要である、といふやうなことを、二人で申し立ててるわけですが、それは二百年来からあつた若年寄であり云々、といふことで東湖は答へられるわけですが、この時にはつきりしてゐることは寅寿との話の中で、「相違い腹の中にて睨み合ひ候はこの夜より始まり候相覚え候」といふことでありまして、これは心境を吐露しあつて話し合つたけれども、何となく心の底で、双方睨み合ひ、といふ雰囲気があつたやうです。さういふことを回想されてをるわけであります。それが天保十二年の頃であります。

烈公が隠居謹慎を命ぜられた前後、結城寅寿はどのやうであつたかといふことで、『結城寅寿行状記』の中から、弘化元年、隠居謹慎を命ぜられた前後の部分を、史料として挙げてみようと思ひます。

一、此時（弘化元年四月二十日）　上には湊御殿に入させられ（上といふのは烈公のことです）、俄に帰御（水戸に帰つてきたのです）、御役人青く成黒く成考候中に、結城一人は意気揚々といたし、少しも苦心の様子之なく、御供はさしづめ結城御側野性一人ゆゑ、同断御番頭雑賀、御用人近藤ときまり候處　上には一刻も早く御登りの思召の處結城彼是とのべくり、是は結城初御供にて支度之なく候ゆゑ、江戸へ申遣し伊達道具等下りに日数を考へ、五月上旬御登りと御決着に相成申候。（次は東湖先生の意見ですが）五日十日御登りにても遅く候ても同じ事に御座候へ共、一日も早くと申す思召を大御供支度の為に延引は勿体なき儀、随分かり物等にて間に合せ候へば事済申べく候ひき。（一刻も早く登城したはうが良いのではないかといふやうな心配をしてをるわけです）

一、五月二日一同しほ〳〵と御供仕候處、（藩主が嫌疑をかけられてゐるわけでありまして、その下で仕へる家臣達ですが）結城は御制禁の奴をふらせとう〳〵と発足仕候。

一、御道中も結城一人は至極の元気に御座候。

一、五月六日御一條相分候節は（御一條と言ふのは烈公まで余罪が及んだといふことだと思ひます）結城もちと驚き候様子に御座候處、晩景に相成、戸田藤田今井等の仰渡され肥田呼出にて相渡り候後は結城の勢実に盛んの由、此後の事は野拙は見申さず、承り候斗に御座候。（この五月六日に謹慎・蟄居の処分を君臣共に受けるわけです。これで見ますと、結城寅寿の行状が尋常でないことが分かります。）

一、五月六日夕、結城は連枝様御部屋の花の間へ罷出、（中略）其他種々御連枝様へこびへつらひ候處、例の大音ゆへ、御給仕の中奥御小姓委細詳に承り候由。

この五月六日ですが、『徳川実紀』を見ますと「徳川鶴千代麿（これが次の藩主になります慶篤です）の方に阿部伊勢守正弘、牧野備前守御使して嗣封の事仰せつかはさる。」とありまして、藩主を慶篤とする、といふ老中二人のお使ひが行つたことがわかりますが、だういふわけか烈公の謹慎のことは本文には出てまいりませんで、カツコ書きして「按此時、水戸斉昭被命致仕謹慎」と、このやうなカツコ書きであります。右筆にもはつきり分からない、さういふ状態の中で行はれた処分であつたといふことがわかるわけであります。なほこの時、御連枝と言ひますのは、府中、守山、高松です。この御連枝が、まだ慶篤が若いといふことで、支へる政治をせよ、といふことで後見を仰せつけられるわけです。この時に松平讃岐守、つまり高松藩主頼常は襲封の暇があつたけれども、今年は幕府に留まるべし、といふふうに命ぜられたといふのです。なぜ高松藩主頼常が残るやうに命ぜられたのか、といふやうなことを色々と想像するわけでありますが、結城寅寿の様子、態度といふのが、どうも謹慎処分を受ける時、又それ以後、非常に元気が良かつたといふことは、やはり東湖、それから次にみる豊田天功『籲天録』といふ書がありますが（これは天に向かつて叫ぶといふやうな意味です）、これでも触れられてをりますが、理解出来ないことであつたやうであります。

もう一つ、今申しました豊田天功の『籲天録』は、烈公の隠居謹慎を非常に嘆き、何とかしなくてはならないといふことで、書かれた書物であります。おほよそのいきさつがこれで分かります。

國難の今に至りて靖まらず讒説紛紜としてやまず公の千辛萬苦して國家の為御心盡させられたる御誠忠今に至るまで見はれざるは其深き子細有之第一大身（身分の高い人）中に結城寅壽と申す大姦人有之此者性質伶俐（非常に賢い）にて大身中にてハ稍文學もあり容貌粗樸言語眞率なるが如くなれども内心至て狡黠にて反覆變化無窮の悪智有之云々

とあります。これは天功の観察であります。それから三行置きますが、

總而賢人らしき振舞相見へ仍而諸人信用大身中に珍敷人物なりとて上下評判宜敷に付公も追々御仕込被遊べくと小姓頭より參政仰付られたる其頃より跋扈恣睢（恣睢といふのは意をほしいままにして怒り見るといふやうな意味であります）の心露はれ總而目付奥右筆抔申政務に拘はる要職の地へハ其黨類の者共を推擧し諸人何となく恠を爲しぬれど周旋奸巧なるゆへに其形迹は曾て顕はれず

といふやうなことでありまして、出世街道を小姓頭から参政にまで上がり、参政となるや自派の人を要職に据ゑるといふことがあつたやうであります。また、寺社改正について天功は次のやうに述べてをります。

寺社改正不殘御委任と申命に而今井を寺社奉行に押出し（今井を寺社奉行に据ゑたのは結城寅寿

です）扨佛法改正に付てハ結城功勞有之由にて度々褒賞を受ながら内實ハ僧徒と申合佛法改革ハ曾て我等の預たる事にあらず戸田藤田今井等の所為なり我等其事によりて度々君を諌め奉れども用ひ玉ハざる故既に切腹可仕と覺悟極めたる程の事也

要するに、結城自身寺社改正で結城自身度々褒賞を受けてゐながら、結城は「戸田藤田今井等の所為なり」といふやうなことを申すわけです。続きですが、「僧徒を欺き賺したりといふ」とあり、僧等も欺いた。

其翌年に至り僧徒を使上野芝両大寺に便り公の御所為不宜戸田藤田今井等大罪有之趣訴させたる是又其計策至て姦功にて形迹は露ハれざれども前日より通路有之響き居たるハいちじるしく相見へ既に四月御用の儀あらせられ君公一旦御在府なされべくとの御奉書到来したるに結城は喜悦の色見はれ道中等駕篭供廻手振奴等至て華美に出立扨御着にて五月六日に御愼御隠居と相成戸田藤田今井三人蟄居鵜殿等逼塞仰付られたるに結城大悦にて申様は我等度々御諫言申たれども御用無之憎て戸田藤田抔取合不申遂にケ様の御一義に及ばせられたり云々

形跡が現れないやうにやるのが隠れた謀でありまして、少なくともこの時の結城の様子は、東湖先生も天功も隠居謹慎を仰せつかり、結城一人大喜びだつたといふ事実はあつたやうであります。

実は、幕府に於いては、当時鳥居耀蔵（最近『鳥居耀蔵』といふ書物が出されましたが、いかにも人を貶める、蛮社の獄等も鳥居耀蔵の画策があつたやうであります）といふやうな陰謀家が居つたのであります。この鳥居耀蔵が、天保十四年の八月十三日に「御奉行鳥居甲斐守勘定奉行を兼ね国事をきく」とありまして、将軍に国事のことを色々と話した。将軍が国事に就いて色々聞いた、かういふ記事が『実記』に出て参ります。深く勘繰れば、この時の将軍と鳥居耀蔵のやり取りが、その後の甲辰の国難の直接の契機になつたのではないかと思ひます。何ともそれだけでは判断するのは早計かも知れませんが、結城の人柄、鳥居耀蔵の人柄、そのやうな所から類推せざるを得ないのです。十分な記録がありませんので。天保十四年の八月以降、幕府内でも、或ひは水戸に対する嫌疑が加はつたといふことかと思ひます。その八月以降、京都からの勅使、徳大寺大納言、或ひは日野前大納言が将軍と対面してをります。或ひは摂家、門跡、公卿、続々と来まして、将軍から宣下をされたり、又将軍と対面してゐる。或ひは日光から日光門主が参りまして、長期滞在をして、将軍或ひは幕府要人と対面してゐる。このやうな動きのなかで、甲辰の国難が起こつてくるわけです。さういふ幕府内の動きをみても、寺社改革が大きな原因の一つになつたのだといふことを強く思ひます。

この隠居謹慎中の烈公の御心境を偲ぶことが出来るのは和歌ですが、これは那珂湊の木内家（その時代の豪商でありますが、褒賞を全く期待せず藩政の為に財政の援助をした家であります）に、短冊と一枚の文書が現在も残つてをります。ちやうどその弘化甲辰の国難中の烈公の御心境を詠んだ歌であります。

いつ晴れむ程もしれず押並て世ハ五月雨の空にもありける

短冊は「冬鶯」と題しまして、

心ある谷の鶯冬ごもり人に知られぬ春や待つらん

全く烈公も思ひ当たる節がなかつたわけなのです。その中で隠居謹慎を命ぜられ、或ひは蟄居を命ぜられたといふことであります。

これに対して家臣達或ひは農民はどういふ行動に出たのか。老中の水野忠邦の場合は、天保の改革が失敗した時に、領民又農民達の猛烈な反対に合ひまして、家まで打ち壊されるといふやうな憂目にあひましたけれども、それは改革自体のやり方の問題だつたのであらうと思ひます。上知令といひますのが一つの大きな反発を買ひまして、最後の所で農民といひますか、庶民に大きな憤激を食ふといふ結末になりました。

烈公の隠居謹慎に関しまして、烈公雪冤（せつえん）運動といふものが藩内のあちこちでおこりました。雪冤といひますのは冤を雪ぐ（そそぐ）といひまして、無実の罪を雪ぎ清めるといふ意味であります。当時烈公を支へた郡奉行として、又烈公の信頼された郡奉行として吉成信貞といふ郡奉行が居りました。この人は農民の訴へが、烈公の無実を晴らすといふ訴へが、あまりにも強いので、これはこのままにしておくわけにはいかない、自分の命にかへてそれを代弁して（勿論自分の気持ちとしても、烈公の冤を雪ぐといふことはありましたけれども）、敢へて御制禁を侵してまでも烈公の雪冤運動に挺身するわけです。農民の愁訴がありまして、吉成信貞は南上を決意するわけです。甲辰の国難の直後、結城寅寿の藩政府内における跋扈がありまして、それに加へて烈公は謹慎中といふことで、特に六月になりますと南領の農民達に直接南上の動きがありました。これはやはり藩としては許すことはできない行動でありまして、何とか治めようとしますし、烈公からも治めて欲しいといふやうな命令書が出ますけれども、それでも止まないわけです。農民達の雪冤の声はあちこちから上がるわけです。九月になると農民の代表が御三家の尾張、紀伊に直接嘆願するといふことがありまして、ついに十月九日、烈公が、郡奉行へ農民の鎮撫命令をだします。烈公雪冤運動は郡奉行が煽ったのではなくて（一部さういふ見方もあるわけなのですが）、農民の方から強い雪冤運動がありまして烈公の方から抑へたといふことが実体であります。時に郡奉行吉成信貞は南上を決意しまして、老中牧野忠雅宛の「嘆願書」に、その辺のいきさつを述べてをります。

小臣儀は郡奉行職且町方をも支配仕候に付、百姓共へ急度申付置候事に御座候処、愚昧之百姓共御事体且御意味をも更に不相守、只管に愁訴仕候得ハ、御聞受にも可相成義と深存詰、御大法をも忘却出訴仕候と奉存候。

農民の行動を思ふ余り、法を破つてまでも自分の方から訴へたい、さういふ覚悟を決めたのです。

（中略）畢竟村々取締不行届候故之儀にて、全重役共取締等閑に仕置次第に無御座候。乍然愚民共之所為に御座候間、乍恐公儀之御寛仁聊御憤之義ハ被為在間敷奉存候得共、千万ケ一此上少将殿、中納言殿御落度とも被相成候様之義御座候てハ、実ニ家中一統尚々奉恐入候義ニ御座候間、甚以恐懼仕候。

（中略）重役共へも不申且同役へも相談不仕、全一己之了簡を以推参上言仕候間、全く農民の気持ちにかへて、自分一人の責任でこの行を決行するといふ覚悟であります。しかも、農民を思ふと同時に、主君烈公の心情を思ふその姿勢、真心から出た行動かと思ひます。

（中略）等位を越上言仕候不調法之義ハ、是以如何様之御咎ニも被仰付被下置候様、謹て奉至願候。

自分はどうなつても良い、甘んじて御咎めも受けようといふ気持ちです。中々自分の出世のこと等しか頭に無い人には、我が身がどうなつても良いといふやうな純粋な気持ち、これは出てこないことであります。やはり吉成自身は烈公の無実を信じてゐたで有りませうし、烈公の信頼に応へる郡奉行であつたといふことも言へるかと思ひます。

ところで吉成信貞の寺社改革に対する取組方は、潮来長勝寺のやうに良くその住職を説得して、又廻りの領民を説得して、このやうな訳だから梵鐘を納めよといふやうな方針であれば良いのではないか、といふやうなことも考へてゐたやうであります。ですから、仮定の話ではありますけれども、かういふ人が寺社奉行であり、或ひはそれを指揮する人であつたならば……、といふやうなことも思ふわけであります。

もう一人、武田耕雲斎。この人はやはり吉成信貞と共に南上して、「意見書」を、老中水野忠邦宛に提出した人であります。武田耕雲斎の考へを見てみたいと思ひます。

水戸表の儀は。先代より儒道相用ひられ。代々葬祭等も。公邊御振合と異同仕候儀は。(元々幕府等とは違つてゐたといふことです) 今に始まり候儀に之無く。尤も薩州にて一向宗制禁の由。會津にて神道相用ひ候由の類。聊公邊御振合と異同仕り候儀。水戸表に限り候儀にも。之無き様存じ奉り候此度の御察當も。右等の類には御座有る間敷哉。扨。御察當御座候上にも。押て相行はれ候はば (咎めを受けた後も無理矢理同様のことを進めて行くやうであれば) 相濟申間敷候へ共。中納言殿気質。公邊より御差留候儀を。押て相用ひられ候様の儀。之無き段は。是亦私共年來。明白に相心得候儀に御座候。此度の如き仰せ出され源威殿以來。例も之無く候處 (このやうな藩主が隠居謹慎を命ぜられるといふのは未だ曾てないといふことです)。一応の御尋等も在らせられず、俄に仰出され候段。臣下の身分。誠に以て驚き入り。悲嘆仕り候。水戸表數十萬人。士民の内には改正を好み候者も。之無く候へば。右の者共。彼是風評等申立候より。右等御調べに相成候半か。

といふことであります。耕雲斎も烈公の心情を察してゐるわけです。非常に驚いた。未だ曽て無い処置である。水戸藩ばかりではなくそのやうな、一向宗御制禁とか、神道を用いてゐるといふ藩は他にもあるのに、なぜ水戸だけが、といふ気持ちなのです。どうやらその結城寅寿、今井金右衛門、このやうな人達を寵臣にして、その中で少し強引な、また庶民の反感を買ふやうな寺社改革になつてしまつたのではなかつたか。さういふところに一つの大きな問題があつたのではないか。そして結城と幕府の要人に近い幕府の陰謀家鳥居耀蔵が結びついて、それが幕府の方から御咎めを受けるといふ結果になつてしまつたのだらうと推察するわけであります。

しかし、このやうな烈公雪冤運動が功を奏したのか、或ひは色々阿部老中と烈公との手紙のやり取りの中で、段々に疑ひが晴れたのか、その年の六カ月後ですが、十一月二十六日には烈公の謹慎が一応解除されることになります。しかしこの時はまだ、藩政への関与は許されなかつた。もう少し外圧が強まつて、烈公しかこの難局を背負へる方は居ないといふことになつて幕政改革に再び登場してくるわけであります。

この間、外圧が高まる前に、実は、後に日本史を動かす程の大人物でありますが、二人水戸を訪れてをります。その一人が、九州久留米の神官でありました真木和泉守といふ方であります。この方は明治政府の青写真を描いた方といはれてをりまして、非常に優れた人なのですが、天保十五年つまり弘化元年の七月、烈公が隠居謹慎を受けられてほぼ二カ月後であります。折角天保の改革で領内生活も政治も良くなつてゐるわけですが、結城寅寿等の台頭によつて又旧に復するといふやうなことが徐々に進行してゐた時期ではあります。さういふ時期に真木和泉守は水戸を訪れるわけです。この方の書かれた『天保甲辰日記』の七月二十日のところを見てみますと、多分土浦の長島尉信といふ田制学者（水戸にも仕へまして、検地を担当しました学者）の所に十八、十九日に寄つてをりますから、

その人の紹介だらうと思ひますが、

　鶏鳴乃ち発す。漸く水戸の部に入り、途潤して樹茂る。亦政之美を見るに足る。

道沿いの樹木の様子、或ひは民家の様子等を見まして、非常に水戸の政治は素晴らしい、それを見ただけでも充分である、かういふ感想です。さらに、「老農有り」とありまして年老いた農民も、水戸藩の、水戸の「政の美を説」いたといふことです。そしてその日、「会沢翁（会沢正志斎）に謁して、乃ち学制略説を借りて帰る」とあります。先程申しました長島尉信の紹介であつたらうと思ひます。二十一日には、

　翁曰く、時に不可と雖も竊かに塾中に宿し、亦妨げ無し。深切感佩に堪えず。

政の美に感嘆すると共に、このやうな水戸の学者の親切に真木和泉守は心を打たれるのです。天保の改革の余風といひますか、そのやうなものが充分にこれで察せられると思ひます。

　さらに嘉永四年には、長州の吉田松陰が水戸を訪れました。『東北遊日記』に、

十二月二十六日　晴。二子と豊田彦次郎（豊田天功）を訪ふ、病を以て逢はず。好文亭を観る、偕楽園は即ち是れなり。亭は一高瀧なり。列べて植うるに梅樹棣棠《ていたう》を以てし、環らすに隍塹《くわうざん》を以てす。制札を建てて云はく「四月より八月に至る三八の日は、下は百姓町人に及ぶまで釣魚を禁ぜず」と。余嘗て景山老公撰ぶ所の偕楽園の記を読み、又其の作る所の歌に「世を捨てて山に入る人山にても尚憂き時はここを尋ねよ」と云ふ。蓋し公の志見るべし。

偕楽園を訪れまして、烈公の志に感じたわけであります。嘉永五年になりまして、一月の十七日、
一七日　晴。会沢を訪ふ。会沢を訪ふこと数次なるに率ね酒を設く。水府の風、他邦の人に接するに款待甚だ渥く、歓然として欣びを交へ、心胸を吐露して隠匿する所なし。会々談論の聴くべきものあれば、必ず筆を把りて之を記す。是れ天下の事に通じ、天下の力を得る所以か。
会沢正志斎の歓待に感激し、そして水戸はなぜこんなに天下をゆるがす程の力を持つてゐるのか、その原因については必ずその人の聴くべき所は記録をし、色々な情報を持つて、天下のことに通じてゐる、さうしたことが天下の力を得る所以であらう、といふふうに述べてをります。時に会沢正志斎は七十歳でありました。吉田松陰は二十三歳。これだけ年齢差がありましても、それを越えて聴くべきは聴き、話すべきは話す、かういふ水戸の風といひますか、人物が居つた、といふことであります。これは他藩には全くなかつたやうであります。そのやうな二人の方の他藩の人が見た水戸、かういふ方の記録をみましても、天保の改革後の水戸の状況、それから政、これが結城寅寿等の台頭によつて、改革に停退があつたとは言へ、又改革の成果が充分に察せられるわけです。
やがて、嘉永の頃から外圧が愈々高まつて参ります。嘉永六年には、ペルリの来航が有ります。続いて程無く、ロシアのプチヤーチンが来航します。かねがね烈公は先憂後楽といひますか、民に先んじて憂ひ、民に後れて楽しむ、といふ精神でありました。就藩前後から、或ひは就藩以来、度々幕府の、又藩の武備充実の為、いざと言ふときの為に建議をし、改革の中でも武備の充実に務めてこられ

たわけであります。

年表を見て見ますと、天保以来どれだけ烈公が建議をし、武備を充実させてこられたかといふ一端を追つていけると思ひます。天保三年には八月に青地林宗を招聘し、鱸重時、松延定雄、岡田宗立らを従学させるわけです。その道の全国の第一人者を水戸に招かれまです。その道の専門家です。これは一貫してずつと続きます。そして学問の興産を図られるわけです。この年、大砲鋳造を幕府へ建議、天保年間は特にこれといつた外圧はありませんでした。さうした中でかういふ武備の充実を訴へられていくわけです。天保四年、青地林宗が死去したのに伴ひ幡崎鼎を招き、五年には蝦夷地開拓を幕府へ建議されます。この頃の烈公の見識として、今は長崎よりもむしろ蝦夷地が危ない、かういふ意識がございます。これは寛政以来のロシアの南下を心配してのことであります。それから天保七年は、助川に海防城を築き、山野辺氏を移して土着させられます。同じ年、水戸藩では大砲鋳造を命ずる、幕府でやらないものですから水戸藩で大砲鋳造を始めるのです。八年、内憂外患についての意見書を幕府に提出する。さらに天保九年には水戸藩で、大型船軍艦雛形「日立丸」の建造計画を発し、そして天保十年六月に、将軍家慶に対して、「戊戌封事」を提出する。幕政の改革を述べた長文の文章であります。十一年には有名な「追鳥狩」を実施します。一つの軍事演習であります。いざと言ふときの為のものです。この年には隣国清で阿片戦争がありました。次の年まで続きます。十一年には同じく巨砲の製造が始まります。天保十四年にはさらに海防のため大船建造を建議されるわけであります。さうした、年表だけでありますが、一連の武備充実の為の建議、或いは施策、これをずつと一貫してやつてをられます。いづれもいざといふ時の為の備へであります。

これがなかなか幕府は、たうたう本腰を入れないままペルリ来航、プチヤーチンの来航を迎へてしまふわけです。弘化三年に烈公が歌われた和歌に、かういふものがございます。

幾歳か　我が憂へ来しあやふさを今は現に見る世とぞなる

かういふ和歌であります。長年の間自分が憂ひてきたその外国からの圧力、この危ふさ（しかし幕府は本腰を入れずに対策を立てませんでしたが）、それを今目の前で見るやうな、さういふ世の中になつてきた、といふ和歌です。これが先憂であり、また先見であらうかと思ひます。烈公の先見で思ひますことは蝦夷地の問題なのですが、これは後程述べたいと思ひます。それはさうとしまして、嘉永六年、ペルリ来航が六月三日でありますから、間もなく烈公は何度も老中阿部に請はれまして、遂に海防参与といふ役に就かれるわけです。これが嘉永六年の七月三日であります。同時に蟄居しておりました藤田東湖も海防掛を命ぜられました。藩政を越えて、今度は幕府の政治に嘱望されたわけです。幕府としては、対策、或いは見通しを持つてゐなかつたものですから、ペルリの来航に対しては右往左往する他ない。どうしやうもないわけです。誰もこの大事を担当するものが居ないといふ状態でありました。それは当然のことで、目の前にいきなり大きな問題が起こつた時に、そのやうな事を予測しておかないと、この時はかうする、かう出たらかうする、といふ対策はすぐには出ないものです。

行き当たりばつたりの政策になるのが落ちであります。さういふ状態であつたわけです。それは『水戸藩史料』の記述を見ますと、いかにペルリの来航、プチヤーチンの来航によりまして、烈公が嘱望されたかといふことが分かるのですが、

齊昭既に出でて、防海の大議に参するや海内の士皆頚を延いてその運籌を瞻仰せざるはなく或は其の事の防海に止まらずして大政にも參與あらんことを望み徳川慶恕の建議或は將軍家の後見たらんことを要し横井時存・安井衡の所論或は勅命を以て直接に朝廷より委任せられんことを論じ梅田定明の書翰或は齊昭の深く自ら任じて嫌疑を顧みず専決果斷あらんことを勸め幕下士向山源大夫の呈書其の他の論策紛々一ならずと雖も率ね皆齊昭に頼りて國体を維持せんことを欲したるもの、如し八月廿九日松平齊彬の齊昭に寄せたる書翰に一首の和歌あり曰く

乍恐今度御登營仰せいたされたるをかしこみ奉り候

雲きりのへたてもはれてさやかなる月のひかりを仰くかしこさ

月の光を仰ぐ程、諸公から、幕府から嘱望されてなられたのです。それは幕府内ばかりではなく、あちこちの藩史の記録などにも多く出てゐることであります。当時阿片戦争によりまして、或ひはそれ以前にアジア各国殆ど植民地化されてをりました。そのやうな世界の情勢を知つてゐる多くの有識者はそれが日本に及ぶのではないだらうか、かういふ心配をしてゐたわけです。もしそれが日本に及んだ時にどうするか、これは当然世界情勢を知らないと対策が立てられない。それを烈公は、ずつと前

から、藩主になる前から蝦夷地の問題、或ひはアメリカ、欧州、かういつた国々の研究をしてをられました。さういふところからやはりそれなりの見識が出、それなりの対策が出せるものであります。いきなり目の前に大問題が起こつた時、それをどのやうに解決するか、かういふ学問が無かつたならば、それは到底出来ないことであります。この時の幕府の対応がまさにそれではなからうかと思ひます。

それにしましても、その時に烈公が幕府に提出されました『意見十ケ条』といふのがあります。これは後に阿部老中に頼まれて、さらにこれを敷衍して、『海防愚存』といふ、これも長編の意見書として提出されます。ここに掲げましたのは『意見十ケ条』であります。これによつても充分烈公の考へが伺ひ知れます。大事なことはまづ一番目、

一、和戰の二字廟算御決被成候儀第一の急務と存候事

和すのか戦ふのかの覚悟、これがまづ第一であるといふことです。そして、

一、戰の一字へ御決に相成候上ハ國持大名始津々浦々迄大號令被仰出質素儉約等不令而行武家ハ勿論百姓町人迄覺悟相究め神國總體の心力一致為致候儀肝要と存候事

世の中泰平になれまして、幕府も庶民も恐れることは無いだらうと思つてゐた矢先の問題でありますから、これは生半可な気持ちでは侵略の意図があるかもしれない外国に対処することは出来ないといふふうに考へたことだらうと思ひます。和か戦か、どちらにするのか覚悟を決める。これが第一であ

ります。以降、大小銃、或いは大砲の装備ですが、これを国元に帰つてそれぞれの藩で用意する。或いは槍、剣に出精致させ、或いはその私領海岸要害の場所に兵を駐屯させる。或ひはいざといふ時の為の備蓄をする。穀物を蓄へておく。かういふ対策を申し述べるのです。最後に、

一、伊勢神宮始メ御崇敬民心一致候様御仕向ケ耶蘇の邪教彌以て御禁絶之儀當節迂遠の様に候へ共實は御急務と存候事

結果的に、当時の情勢から烈公は主戦論を唱へる訳であります。一般には内戦外和論をとつたといふ言ひ方もされますが、実際に戦ふ意思はないけれども、戦つたら負けるといふことはその彼我の軍事力、或いは体制を比較すれば分かつてゐたことなのです。しかし、国民、幕府の心が揺るぎ、相手国の言ふがままになるやうでは決して平等な交渉にはならない、植民地になるやうなことは何としても避けねばならない、さういふ気持ちから和戦の二字、廟算先づこれを決めよといふ意見の具申なのであります。烈公は攘夷一点張りの対外的な偏屈な思想家、といふやうな言はれ方も一部してをりますが、さういふことはありませんで、烈公の攘夷論の真相としましては、福井藩主の松平慶永が『雨窓閑話稿』で述べてゐることであります。

ある日烈公に余拝謁の時、越前殿は後来の目的は如何、尊皇はもとよりなれど攘夷は出来候もの哉との御問に、余今日の景況を以て考ふれば、後来攘夷は六ヶ敷もの也と御答申たり。公、私も同様の考なり。尊皇と申て只々帝室を尊ぶべきばかりではなし。主上の御親裁になりて徳川は将

軍を辞し、役人は旗本譜代大名ばかりではとても維持しがたし、各藩の人々を撰み、人材を抜擢して役人とすべし。攘夷はとても六ヶ敷もの也、第一外国の大小炮にしろ、軍備十分相整ひ、ことに外国は皆日本ごとき小国にあらず、其上昔の武田流のごとき迂遠なる軍備にては戦争しがたし。夫よりは一層外国と貿易する方得策といふべし。

といふことでありまして、これは非常に豊富な対外知識を持つてゐたがゆゑの考へであります。当時の烈公の海外知識、蝦夷地に於いても欧米においても最先端をいつてゐたといふことであります。軍事力を比べればとても攘夷など行へる状態ではない。しかし、ふらふらした気持ちで、曖昧なまま外国の言ふがままに対応し、或いは色々押しつけられてしまふといふやうな交渉は何としても避けたい、さういふ所から出てきた一つの主戦論であつただらうと、私は思ひます。

最後になりますけれども、さうした中で、日米交渉、それから日露交渉を進められていくわけでありますが、一つだけ申しますと、日米交渉はこれは人を得ずといひますか、ペルリのあまりにも強硬な態度に屈した形で日米和親条約が結ばれます。その後日米修好通商条約が結ばれて、結果的に後世にまで非常な悔ひを残す不平等条約が結ばれるわけであります。それに乗じた形でロシアが参りましたので、同じやうな形で日露和親条約も結ばざるを得なかつたといふ事情がありますが、この時に殊にそのロシアとの、プチヤーチンとの間で、日露国境交渉といふのがありまして、日露の間の国境を決めたいといふのが来航の目的の一つであつたわけであります。これに対してやはり、この時烈公は、長年研究してきたことでもあり、又家臣の中に豊田天功といふ非常に優れた、外国のことに詳しい、良く研究してゐた学者が居りましたので、プチヤーチンが来た時に、すぐさま蝦夷地のことをもつとよく調べよ、或ひはロシアのことをもつと良く調べよ、といふ編纂命令を出しまして、結果的にそれは応接係の川路聖謨が下田に出向く前に完成しました。川路聖謨はそれを始終持ち携へて、『北島志』といふものを持ち携へて、そして学問的裏付けを得ながらプチヤーチンとの外交に当たつたのであります。さういふことが最近の研究でわかりました。これなどは烈公が小さい時から、それこそ蝦夷地のことを心配して、色々な本を集めてをられるわけです。当時是だけのことを研究してゐた人は、幕府内にも他藩にも居りませんでした。それをいざといふ時の為に天功に提供しまして、それを元に天功は『北島志』或いは『北虜志』といふ、老中阿部正弘が言ひますやうに「大有用の書」を、目前の危機に対して、外患に対して、それこそ非常に為になる、役立つ本を作つたわけであります。かういふところにも烈公の先憂先見といふことを感ずるわけであります。

幕政の参与、海防参与としまして活躍してをられましたので、この時期藩内のことは改革がいくらか不十分であつたやうであります。さうした中に日米交渉、日露交渉もある程度進んでゐる最中に、安政二年、突然江戸に大地震が起きまして、烈公が股肱として頼みにしてゐた藤田東湖、戸田銀次郎が亡くなります。特に東湖先生は老母を救はうとして、家の中に飛び込みまして、落ちてくる物の下敷きになつて、圧死されてしまふ。この辺からいよいよ改革自体が衰退に向かつていくわけでありま

す。その後のことにつきましては次回久野先生からお話があるかと思ひます。色々言ひ尽くせません
でしたけれども、これにて失礼致します。だうもありがとうございました。

二　サハリン州郷土博物館に「間宮林蔵展」を開催して

一　間宮林蔵の足跡を訪ねて

北蝦夷の寒苦いとはん年を越え
　　君の恵のあると思へば

右の歌は間宮林蔵の詠歌である。

林蔵は、どんな思ひで樺太に渡り、どんな困難をどう克服し、どう探検を断行したのだらうか。――そんな思ひが、此の度の樺太紀行中、始終私の脳裏から離れることは無かつた。

思へば約二百年前（文化五年・一八〇八）、林蔵は初めての樺太探検を行ひ、樺太東海岸を小舟で北上、その先は無理と知るや西海岸に出、松田伝十郎と共にラッカ（ナツコ）崎に到達した。更にその夏、単身樺太に渡つて西海岸を検分、北上するが、同行のアイヌが北行を恐れたことや食糧不足のため、一旦引き返してトンナイにて越年、文化六年を迎へた。正月二十九日、同行アイヌを得て再び北上。幾多の困難を克服しつつ、ノテト、ラッカ、ボゴベーを経て、遂にナニヲーに到達（五月十二日）して海峡を発見し、今日、世界地図にその名を残す唯一の日本人となつた。

この探検は、異国（魯斉亜《ロシア》）との国境を探ることが第一の目的であつたことは、間宮林蔵述・秦貞廉編の『東韃地方紀行』中の

○何卒此島の周廻極め尽さんと此所に滞在し、奥地の事ども時々コーニにたよりて質問せしに、魯《ロ》斉亜《シア》の境界も此島を去る事遠からず……

○猶更其経界の詳を極めざらむも云がいなき事に思ひ、幾年此処にありとも是非其経界を極むべしと決し……

○時々東岸の地理、東韃・魯斉亜の経界等の事を聞に、此島は本より離島にして接壌なく、仮令《たとひ》東岸に至り得るも魯斉亜の境界分明なるべき事ならず、東韃に入て其事実を極《きはめ》たらんは安かるべしときこへ……

○命《めい》なくして異域に入るも亦、国禁の恐ありといへども、皆此島にあづかる事の専務なるに、其事の蘊奥《うんあう》を探り尽さずして帰り来らむも、再見を命ぜられし其詮あるまじくも思ひ……

等の記事に明らかであるが、海峡発見と同時に、樺太・東韃地方の測量及び当地の地理と諸部族の態様を究め、詳細な地図と報告書を作成したことも後世に残る大きな功績であつた。

同じ頃探検したフランス人ラペルーズも、イギリス人ブロートンも、ロシア人クルーゼンシユテルンも、樺太は大陸と地続きの半島であると誤認し、遂に海峡の存在を確認し得なかつた。また当時、

日本国内においても、樺太が半島なのか島なのか、全く混沌とした状況にあつた。林子平の『三国通監図説』、近藤重蔵の『辺要分界図考』においてさへ、樺太を大陸と地続きの半島に描き、サガリインを別地に描いてゐた。かうした状況を一気に打開したのが間宮林蔵の樺太探検であり、その場所がナニヲーなのである。

我々（天田匡、木崎英之、篠原倭雄の各氏と筆者）は、調査隊を組んで（平成七年十月二十六日～三十日）ナニヲーに向つた。函館よりユジノ・サハリンスク（旧豊原）までは飛行機を、テイーモスクまでは列車を、ルボロボ（旧ナニヲー）へはヘリコプターを利用した。事前に、林蔵が作成した地図（『北蝦夷島地図』）と現代ロシア地図で、地図上は現ルボロボが旧ナニヲーであることは確信してゐたので、後は現地調査で確認することであつた。

テイーモスクからルボロボ（旧ナニヲー）へ

テイーモスクの朝はさすがに冷えた。十月下旬といふのにマイナス四度。外の水たまりは凍つてゐた。空は快晴。テイーモスク郊外の飛行場までは自動車で送られたが、木造家屋に木の電信柱、歩道も信号もない砂利道は、昭和二、三十年代の日本の村々の風景と交錯した。テイーモスクからルボロボへのヘリコプターはニコラエフスク・ナ・アムーレ（旧尼港）からチヤーターした。

八百メートル上空のヘリコプターからの眺めは、今まで見たことも無い樺太特有の地形、地勢であつた。西海岸に近づくと、我々はパイロットに飛行位置を確認しながら地図を片手に林蔵の足跡を追つた。ヘリコプターは、ノテト崎（林蔵渡満決行の地）、ラッカ（ナツコ）崎（林蔵初航到達地）、ボゴベー崎（間宮海峡最狭の地）を経てルボロボへ。

テイーモスクからちやうど一時間三十分。ルボロボの集落に着陸する前、上空を二度旋回したが、上空からの景観は、林蔵が描いた絵図（鳥瞰図）と全く相似してゐるではないか。私は胸の高鳴りを抑へることができなかつた。

ナニヲー

ナニヲー（現ルボロボ）にて

我々は遂に、ナニヲーに記念すべき第一歩をしるした。文明の発達した今日、林蔵の困苦には比すべくもないが、それでも誰でもが気軽に来られる所ではない。

林蔵の記録によれば、当時「夷家僅に五、六屋」あつたと言ふが、現在は十三家屋、九家族のニブヒ族が住んでゐる。また「魯斉亜との境界がこの島からさう遠くはない事」「魯斉亜の属夷等が時々船に乗つて燧巧（燧石発火装置の鉄砲）を持つてナニヲーの海上にさかんに遊猟してゐる事」等を記してゐるから、当時魯斉亜の勢力は樺太島内には及んでゐなかつたことがわかる。

林蔵絵図の景観が得られる所は無いかと、集落内をあちこち歩き、少しでも高い所があれば上つて見たが、それらしい所は見当らなかつた。時間的制約もあり、海岸線に出ることはできなかつたが、橋の上から間宮海峡を望むと、林蔵が

此処よりして北地は北海漸々に開け、潮水悉く北に注ぎ怒濤大いに激起すれば船をやる事かなはず。（『東韃地方紀行』）

と記した、正にその北に注ぐ怒濤を見ることができた。確かに、ラッカ崎からの眺めでは「潮水悉く南に流れ」てゐるだけであり、海峡の存在を確認できさうにない。ここに来て初めて可能なことを悟つた。

さて、ナニヲーでは、二人の老女（バーバリーダさん、ゾーヤさん）に、林蔵の言ひ伝へ等は無いかどうか尋ねたが、バーバリーダさんには驚くべきことを聴いた。林蔵の事は知らない由、ただ集落の真ん中を流れてゐるロマノフカ川を昔は「ナニワー」と言ひ、ロシア語ではワをヲと発音することがある由。林蔵は、ナニワーをナニヲーと聞いたに相違ない。

ここは正しく、林蔵が到達した最北の地で、間宮海峡発見の地である――我々はさう確信した。

ロマノフカ川にかかる橋上にて（拙詠）

林蔵が海峡望みしナニヲーに、

我佇みて偲ぶ心意気

デレン（徳楞）へ

林蔵は、樺太の周廻を極めても魯斉亜との国境はわからないことを知り、このままでは使命が果せないと思ひ、「国禁の恐」があつたにもかかはらず、大陸行の意を決した。林蔵は、この時の心境を次のやうに記してゐる。

書を作り、従夷に授け、其地是迄認置し此島の事どもつづりたる書物は悉く是に託し、我万一彼の地にして死亡の事もはかり難く、且は異域に入る事なれば如何なる事ありて帰り来る事を得ざらんもはかり難し、其時は汝是を持帰てシラヌシの府に捧ぐべし（『東韃地方紀行』）

林蔵は従夷七人と山旦船一艘に乗組み、ノテト崎を発したのであるが、風波荒くて横断かなはず、結局ラツカ崎に五日間逗留し、七月二日、東西がわからないほどの烟霧の中を漕ぎ出、海峡を横断、東韃地方モトマルに到達した。

我々はさうした苦労もなく、間宮海峡をわづか二十分余りで横断して、大陸側ニコラエフスク・ナ・アムーレ（尼港）に着いたが、上空からの穏やかで美しい落日の間宮海峡が印象的であつた。ニコラエフスクに一泊して翌日、アムール河（黒龍江、旧渾沌江）に沿つて一路デレン（現ノヴォイリノフカ）に向かふ。往復三時間といふ。アムール河は実に広大である。河岸に広い砂州があり、その中にまた川があり池がある。途中、林蔵が越えた山、下つたタバマチー川、舟を漕いだキチー湖、

デレン

一泊した湖内の島を確認しながらデレンに着いた。
　林蔵の時代、ここに満州仮府があり、仮府の前方は渾沌江（現アムール河）に臨み、後方は蒼鬱としてゐた。この地に土着の住夷は無く、仮府外は、どこの国からともなく集まつて来た夷等が造つた仮屋が幾十百となくあつた。諸品交易のために、朝鮮や魯斉亜等からやつて来て、五、六日滞留して帰る者が五、六百人はあつたといふから、大変な賑はひであつた。官夷はイチヤホツト（三姓）の者で、夏月毎に松花江を下り、渾沌江に達して、六月中旬頃デレンに来り、初秋の末から中秋の初には仮府を閉ぢて帰つてゐた。交易品は、貢物が黒貂皮で、賞物は錦、純子《どんす》のやうなもの、木綿、櫛、針、鎖、袱《ふろしき》、紅絹等であつた。
　林蔵は、七日間の滞留中に、満州人に魯斉亜との国境を尋ねてみると、どの部族がどこの国の支配をうけてゐるかによつて、そしてその部族が住んでゐる範囲によつて国の境がある、といふことがわかつた。
　さて、デレンでも、何か仮府時代の名残りや遺跡、林蔵の言ひ伝へは無いものかと何人かの人に聴き取り調査をしたが、皆目わからない様子であつた。それも然り。彼等は約百年前、旧ソ連時代、漁業コルホーズが設立された時に他地域から来た人々だつた。

しかも、満州仮府自体が三十年前後で他所を転々としてゐること、この地デレンの支配国が変はつてゐること、住民の移動が何回かあつたこと等を考へると、名残りや遺跡、言ひ伝への聴き取り調査は極めて難があつたと言ふべきかもしれない。

しかし、林蔵地図と現代ロシア地図との照合、林蔵絵図と現地景観の酷似から、かつてのデレンに間違ひないと確信するに至つた。

二　「間宮林蔵展」開催の経緯と意義

ナニヲー、デレンの地を確定できた我々は、林蔵が海峡を発見したナニヲーの地に「間宮林蔵記念碑」を建てる交渉をするために、平成八年に再び渡樺、ナニヲーを管轄するオハ市のヤルリン市長と会談するに及んだ。幸ひ市長の快諾を得られたが、その後、手続きをめぐつて交渉は紆余曲折し、建碑実現の容易ならざることを痛感してゐた。

そんな折、一昨年（平成九年）の六月、建碑の段取りをつけるためサハリンに渡航した同志篠原倭雄氏は、サハリン州郷土博物館副館長シュビン氏との会談の中で、ラティシェフ館長及びサハリン・クリル諸島研究会ブイソコフ会長に、記念碑建立の趣旨と設計図を早急に提出することを約束すると共に、副館長からは、博物館で「間宮林蔵展」を開催すれば、館長や州政府の理解が更に深まるだらう、との回答を得て帰国した。

そこで我々としても、建碑の早期実現に向けて、ロシア人の理解を得るためにも、またロシアとの文化交流を図るためにも絶好の機会であると考へ、この度の展示となつたものである。

今回（平成十年六月二十六日）、展示準備に同行したのは篠原氏、長谷川實氏である。それと、目的は別であつたが、松浦武四郎記念館顧問千賀氏、松浦武四郎研究会長梅木氏、樺太浜馬《はまま》郡譚《ぐんたん》生まれの元島民山谷、鈴木、工藤、武重の各氏が函館空港で合流した。千賀氏及び元島民の山谷、工藤氏が準備に快く協力してくれた。

展示資料は持ち帰れないといふことだつたので、展示終了後博物館に寄贈といふ形をとつた。資料作成に当たつては、伊奈町教育委員会及び間宮林蔵顕彰会の全面的な協力を得た。出陳リストは左の通りである。（フィルムは伊奈町教育委員会所蔵）

「間宮林蔵展」出陳リスト

一　間宮林蔵遺品

服紗　写真

蝦夷布　写真

韃靼硯　写真

探検用頭巾　写真
測量用鎖　写真
天ガラス　写真
間宮林蔵書簡　複製
北夷分界餘話　複製　三点（国立公文書館所蔵）
東韃地方紀行　複製　三点（同右）
北蝦夷島地図　複製（同右）
海頻舟行図　写真
間宮林蔵実印　写真

一　間宮林蔵略年譜　作成
一　間宮林蔵肖像画　写真
一　間宮林蔵カラフト探検図　作成
一　位記・沙汰書　写真
一　間宮林蔵関係史跡
　間宮林蔵生家　写真
　小貝川と岡堰　写真

筑波山と立身窟　写真
林蔵の師伊能忠敬　写真（千葉県佐原市教育委員会所蔵）
宗谷岬「渡樺出港の地」　写真
海峡確認の地（旧ナニヲー）　写真（筆者撮影所蔵）
満州仮府跡（旧デレン）　写真（同右）
間宮林蔵墓地（伊奈町専称寺）　写真
間宮林蔵墓地（東京都本立院）　写真
間宮林蔵顕彰碑　写真
間宮林蔵記念館　写真　計三十一点

二日目（六月二十七日）、我々は博物館に赴き、館長を交へ、展示や当日の予定等について話し合ひ、終了後、博物館裏庭にて早速準備に取りかかることにした。当初の予定では、持参した展示資料を掲示すれば簡単に済むと思つてゐたが、さにあらず、展示用掲示板の作成をするといふ。シェビン副館長と共に下紙貼り、ペンキ塗り等、作業は午前十時三十分に始まり、昼食抜きで午後二時頃まで要した。樺太の六月下旬とは思へない暖かさで、上半身裸での作業となつた。それより出来上がつた掲示板を、会場となる館入口正面二階の踊り場へ運び入れた。展示構成と資料を貼る作業は、専ら筆者と長谷川氏とでやり、夕方五時までかかつた。

作業が終はつた頃、松浦武四郎巡回展準備のため、コルサコフ（旧大泊）に行つてゐた篠原氏と梅木氏が帰つて来た。準備は万端整つた。後は、明日のオープンセレモニー、レセプションを待つばかりである。当初は、六月二十八日の予定であつたので、筆者と長谷川氏はさういふ日程を組んだのだが、急拠二十九日に変更になり、残念ながら参加できなくなつてしまつた。後事は総て篠原氏に託して帰国の途についた。

オープニングセレモニー、レセプションの模様は、帰国後、篠原氏の報告とビデオ、写真等により詳しく知ることができた。以下、簡単に紹介したい。

オープニングセレモニーは、午前十一時より始まり、まずシュビン副館長が、今回の展示に至つた経緯の説明をし、次いで篠原氏が展示内容等の説明をした。そしてラシッェフ館長の挨拶があり、副館長と篠原氏がテープカットをし、レセプションとなつた。

ちなみに参加者は、サハリン州政府顧問、サハリン・クリル諸島研究会ブイソコフ会長、州立美術館マリーナ館長と職員、州立アカデミー文書館ダーニレンコ館長と職員、ユジノサハリンスク市文化担当職員、元マカロフ市長ニコライ氏、ノグリキ市立博物館セルゲイ館長、コルサコフ市立博物館オサチ館長、州立郷土博物館職員、サハリン教育大学教授数名、報道機関は、ＮＨＫサハリン支局、サハリンテレビ、北海道新聞支局、サハリンの新聞社から数名等、総て五十名程であつた。

なほ、「間宮林蔵展」は七月二十八日まで一ケ月行はれた後、松浦武四郎の巡回展と合はせて一年がかりでサハリン内の六ケ所の博物館で開催される予定だといふ。

樺太で「間宮林蔵展」が開催されるのは今回で二回目である。前回は南樺太が日本統治下の昭和十八年（一八四三）十月であつたから実に五十五年ぶりの開催である。前回の会場は豊原（ユジノサハリンスク）の樺太庁博物館（現サハリン州郷土博物館）であつた。林蔵歿後百年記念事業として開催された、会期は十月二十七日より三日間であつたが、伊奈間宮家に伝はる遺品の数々（現物）が展示された、初日には、午後一時より間宮先生像除幕式が二階広間の安置場所に於て行はれ（官幣大社樺太神宮吉野宮司奉仕）、大津敏男元樺太長官式辞が代読され、三時より講義室で「間宮先生樺太探検ノ意義」と題して、樺太師範教授西鶴定嘉氏による記念講演会が行はれたのであつた。

今回の展示は、建碑事業の一環として開催したものであるが、これを契機として、林蔵の樺太探検の歴史的な意義と日本人の勇気が多くのロシアの人々に理解され、日ロ両国の今日的な課題の早期解決に役立つならば、五十五年ぶりとなる「間宮林蔵展」の開催を一段と意義あらしめるであらう。

解題

梶山孝夫

本書は二年前四十八歳の若さで急逝された吉澤義一氏の論文集である。氏は水府村のご出身で、大学の卒業論文に地元の先達であり北方探検に偉大な業績を残した木村謙次を取り上げて以来、謙次を中心としながら水戸藩の北方探検史を終生のテーマとされた。それは単に一地方の北方探検史の解明に止まらず、広く我が国の歴史全体を見通した上で頗る今日的問題であることに思ひを致し、その解決策を見出さうとされたからであらう。本書に収めた論文はその主要なものであるが、以下に若干の解題を加へる。

第一編第一章は水戸市制施行一一〇周年記念として刊行された『水戸の先達』に寄せられた四ページの短文であるが、三葉の写真とともに要領よく謙次の生涯をまとめてゐる。本書の総論として位置づけてよい文章であらう。

第二章は『水戸史学』第十二号に掲載されたもので、本書中最も早く発表された論文である。学生時代から進めてきた謙次の蝦夷地探検を探究されたものである。謙次の探検は寛政五年と同十年の二度にわたるが、本論では寛政五年の探検を考察してゐる。探検の意義について、「逼迫した藩財政立て直しの方策を見出す」といふ目的に加へて「尊王に基づく攘夷のための偵察ではなかつたか」と論ぜられた点は注目すべきである。惜しむらくは本命としての十年の探検について論をなされぬままに逝去されたことである。氏は常々寛政十年の探検に関する一論をまとめる旨語つてをられたことが筆者の耳朶に残つてゐる。

第三章は『水戸史学』四十一号に掲載の論文であり、大日本史諸藩伝と北島志編纂をめぐる事情のうちに義公や烈公の北方探検に及びながら北島志編纂の意義を考察して、

それにしても、プチャーチンの来航が「北島志」編纂の直接の動機になつたとは言へ、烈公の突然の編纂命令、それに対する天功の神速な編纂。「北島志」編纂をめぐつて君臣水魚の交はりを思ふのである。

とされる点は重要である。北島志編纂の目的や経過を明らかにし、これまでの説を正した点に北方史家としての本領をみることができよう。なほ、この号の巻頭写真には木版本の北島志が使はれてをり、その説明をも執筆されてゐることを付記しておく。

第四章は氏が勤務されてゐた茨城県立歴史館の機関誌（同館報十九）に掲載されたもので、謙次を中心とした研究から水戸藩全体かつ近世の北方探検史にまで考察を広げた論考となる。要点は間宮林蔵と水戸藩との間には強い信頼関係があり、強烈な攘夷思想の持ち主であつたといふ主張であり、水

戸藩との関係の探究は林蔵研究の新分野である。

第五章は『水戸史学』第五十一号に掲載されたもので論考としては本書中最も新しい論である。冒頭に北方探検史研究上の問題点を三点指摘されてゐる。一は探検家相互の関係、特に先人の業績をふまへた上での、及び先人の遺志を継いでの探検といふ観点、二は日露交渉との関連で捉へるといふ観点、三は水戸藩の役割である。その中でも氏は三、すなはち北方探検史における水戸藩の役割を強調し、その大系的把握に努めてこられた。特に本論は松浦武四郎と水戸藩士との同志的交遊を探究しつつ、プチヤーチン来航との関連にも注目してをり、氏の北方探検史研究は新たな展開をし始めたことが窺はれるのである。惜しいかな、本論は上編のみでもはや後編を期待することができない。

第二編には史料翻刻と紹介文を収めたが、ともに氏の研究の成果である。一は『芸林』第四十九巻第四号に掲載されたが、副題の「安政年間蝦夷地秘史」に窺へるやうに水戸藩との関係を有した武四郎が密かに残したものである。この史料によつて氏は幕末期の蝦夷問題を更に踏み込んで論ずることを予定されてゐたから、松浦武四郎の研究はいつそうの深まりと展開を見せたはずである。

二は『水戸史学』第四十四号に掲載されたものであるが、この史料によつても謙次が蝦夷地探検に止まらず民政にも関心を寄せてゐたことが知られ、水戸藩の善政が窺へることは貴重なものであらう。なほ、この号には「間宮林蔵の足跡を訪ねて」といふ樺太調査の報告が掲載され、また口絵写真「北蝦夷島地図」の解説をも執筆されてをり氏の特集号といふ感がある。

三は『歴史館だより』第五十二号に掲載された『海防下策』の紹介であるが、短文とはいへ謙次の一面を窺ふに足るものである。氏は尊王論的海防論といふ位置づけをされてゐる。

第三編には本論に関連する二論を収めた。まづ、一は平成六年度水戸学講座の講演録である。総題は「烈公の改革と幕末の水戸藩ー水戸の理想と悲劇ー」であり、十月二日に行はれた第三回講座で常磐神社から刊行された講録に収録されてゐる。甲辰の国難を平易に解説し、特に後半では外圧に対する水戸の対応にふれ、北方探検史の研究によつて培はれた蘊蓄を披瀝されてゐる。この講演の学問的下地が第三章であり、ともにこの年の十月に発表されたものとなる。

二は随想的報告文であるが、これによつて氏が単に机上の学問に止まらず実践の学問を目指してゐたことが窺へよう。北方探検史研究の領域に踏み込んだ氏は木村謙次の業績を思ひつつ、更に北方へと関心を向けられたのである。掲載誌は『日本』の平成十一年正月号であるが、五十五年ぶりの林蔵展を開催したことの経緯と意義を詳細に綴つてをられる。元来は林蔵記念碑の建立が計画されたが、しかしその交渉は成就に至らなかつた。そこで、日露の文化交流を図るためにもこの展示の実現に努力された由で、ペンキ塗りから掲示板の搬入まですべて氏らの作業であつたことが知られる。また、間宮林蔵の足跡を現地に探査した報告でもあり、間宮海峡発見の地ナニオーを確認した感動を綴つた一文といへる。氏らはナニオーでは林蔵の言ひ伝へ等を確かめることはできなかつたが、老女二人から驚くべきことを聴いたのである。先述の「間宮林蔵の足跡を訪ねて」において、氏は次のやうに記されてゐる。

ただ集落の真ん中を流れてゐるロマノフカ川を昔は『ナニヲー』と言ひ、ロシア語ではワをヲと発音することがある由。林蔵は、ナニワーをナニヲーと聞いたに相違ない。

ここは正しく、林蔵が到達した最北の地で、間宮海峡発見の地である――我々はさう確信した。

また、本書には分量の都合もあつて収めることはできなかつたが、氏は木村謙次の著書ともいふべき史料二点を翻刻されてゐる。一は『茨城県立歴史館報』二〇・二二・二三号に掲載の「蝦夷日記」であり、二は『芸林』第四一巻第二号に掲載の「江戸日録」である。二点とも謙次の業績を明らかにする上での第一等史料であり、学界への提供は実に大きなものがあるといはなければならない。特に後者は謙次の自筆本であり、長らく所在が不明であつた史料である。参考までに氏が『芸林』誌に寄せた要旨を掲げておかう。

『江戸日録』は、水戸藩の北方探検家として知られる木村謙次（宝暦二年生、諱は謙、号は酔古館・天下野愚鈍等、寛政十年、近藤重蔵・最上徳内等とエトロフ島に『大日本恵登呂府』の木標を建つ）の日記である。従来、北海道大学北方資料室本、茨城県立図書館本の二冊の写本が確認されていたが、原本の所在は全く不明であった。今回初めて、茨城県常陸太田市小沢裕氏（謙次の友人小沢含章の御子孫）所蔵の自筆本が発見された。

この書は、寛政五年（一七九三）、幸太夫（光太夫）が松前から江戸に護送され（八月十七日）、幕府の尋問を受けた前後、謙次が江戸に赴き（九月三日〜十一月九日）、ロシア、蝦夷等の情報を得るために奔走した時の記録である。

直接の取調べ、尋問は町奉行、目付、老中等が行い、その記録は桂川甫周が担当したので、謙次等一般士人は蚊帳の外であって、当然その情報量は少なかったし、しかも間接の情報であった。しかし、この書を読むと、そうした中にあって、懸命に情報収集に努めている謙次の姿、また当時の日本人のロシア認識の程度、幸太夫の言動に対する人々の受けとめ方等々も知れるのである。

（仮名遣ひは原文のまま）

ところで、氏の謙次研究の一応の集大成は水戸の人物シリーズの一冊として昭和六十二年に刊行された『天下の英豪・木村謙次』である。この書では、謙次六十年の生涯を本文百二十ページに満たない中に凝縮させて、二度にわたる蝦夷地探検はもとより近世後期の識者との交遊にふれつつ、医師として、あるいは民政家として、はたまた農政家としての役割を平易に叙述してゐる。氏は冒頭に「私はその謙次の赤裸々な姿を描き出さうと努めた。」と書かれてゐるが、それが見事に達成されたことは一読後の誰しもが実感するところであらう。そのやうな氏の筆力は学術論文のみならず、小中学生にも理解できる謙次論を数多く残されたことにもみることができよう。例へば、『茨城の先人たち』（昭和五十八年）や『人づくり風土記８茨城』（平成元年）などに寄せられたものがそれである。これらは氏が将来を託する少年たちに残された遺言ともいふべきものであらう。

本書で扱つてゐるのは木村謙次を中心とする北方探検史の諸問題であるが、それはこの方面の研究には欠くことのできない業績であり、先駆的地位を占めるものとならう。氏のご冥福を心より願ひつつ、拙い解題を終へることとする。

願はくは本書によつて氏の追求された理想がなほ一層の崇高さを加へ、現今の問題を解決し輝かしい未来を切り拓く糸口とならんことを。

〔水戸史学会理事　博士（文学）〕

あとがき

このたび、多くの方々のご尽力をいただき、亡夫吉澤義一の遺作をまとめ、『北方領土探検史の新研究―その水戸藩との関はり―』と題した一冊を刊行することになりました。本書は亡夫が生前に発表した論文の中から、おもに木村謙次と間宮林蔵に関係あるものを中心にまとめたものであり、各々の初出は次のようになっております。

第一編第一章　『水戸の先達』（平成十二年）
　第二章　『水戸史学』第十二号（昭和五十五年）
　第三章　『水戸史学』第四十一号（平成六年）　改題
　第四章　『茨城県立歴史館報』十九（平成四年）
　第五章　『水戸史学』第五十一号（平成十一年）
第二編　一　『芸林』第四十九巻題四号（平成十二年）
　二　『水戸史学』第四十四号（平成八年）
　三　『歴史館だより』第五十二号（平成三年）
第三編　一　『烈公の改革と幕末の水戸藩』（水戸学講座講演録）（平成七年）

二　『日本』平成十一年正月号

本書には、原作のまま収録することを基本としました。従って、用法や凡例については若干統一を欠いておりますが、この点についてはご理解をいただきたく存じます。

水府村に生まれ育った夫は、地元の先達であり北方探検家である木村謙次に魅せられ、生涯を北方探検史の研究に情熱をかたむけました。この研究を通じ、多くの方々より学問上の励ましとご助言をいただき「歴史に始まり歴史に終わった」と言っても過言ではないくらい、全身全霊を研究に費やしたと思います。

今回の本書の刊行に際しても、まへがきで巻頭を飾って下さいました会長名越時正先生はじめ水戸史学会の方々、とりわけ宮田正彦先生には論文の選定・配列に加えて校正の労もおとり戴き、そして照沼好文先生も校正に当たってくださり、また梶山孝夫博士には詳細なる解題を寄せていただくなど、多大なご尽力を賜りました。さらに錦正社並びに錦正社社長中藤政文様には編集に当たりお力添えをいただき、お陰様で本書が日の目を見ることとなりました。ここに感謝の言葉を記したいと思います。

本書が、北方探検史の研究と郷土文化の発展に少しでもお役に立ち、夫への何よりの手向けとなることを祈りつつ。

平成十五年七月

吉澤さだ子

著者略歴

吉《よし》澤《ざは》 義《ぎ》 一《いち》

昭和28年　茨城県水府村生まれ
茨城大学卒業後、県内の小中学校に勤務。この間、筑波大学内地留学をへて、平成２年からは茨城県立歴史館及び教育財団に勤務。水戸史学会理事。
平成13年９月　逝去

主要編著書

理想の日本人像を求めてー人間性開発を目ざした社会科指導ー
天下の英豪・木村謙次（水戸の人物シリーズ　第３集）
木村謙次・蝦夷日記
　その他、論文・分担執筆等多数。

〈水戸史学選書〉北方領土探検史《ほつぽうりやうどたんけんし》の新研究《しんけんきゆう》
——その水戸藩との関はり——

平成十五年七月十八日　印刷
平成十五年七月二十日　発行
定価本体三、四〇〇円（税別）
著者 © 吉澤義一
装幀者 吉野史門
茨城県水戸市新荘一の二の三〇（名越方）
発行所 水戸史学会
電話 〇二九（二二七）〇九三四
振替 〇〇三九〇-三-八四〇三
〒162-0041 新宿区早稲田鶴巻町544-6
電話 〇三（五二二六）二八九一
FAX 〇三（五二二六）二八九二
URL http://www.kinseisha.jp/
錦正社
印刷 文昇堂
製本 山田製本印刷社

ISBN4-7646-0263-6